재능의 법칙

재능의 법칙

경이로운 성취를 이뤄낸 평범한 사람들의 10가지 비밀

폴리나 마리노바 폼플리아노 | 박지혜 옮김

다산북스

이 책은 우상화가 아니라
배움에 관한 책이다

내가 기억하는 한 나는 역사 수업을 끔찍이도 싫어했다. 그야말로 최악의 수업이었다. 이름, 날짜, 장소, 이 모든 것이 뒤섞여서 그저 얽히고설킨 퍼즐 조각처럼 보였다. 선생님들은 기억해야 할 사실이라며 정보를 나열하기만 할 뿐, 그 속에 담긴 개인의 승리와 실패, 위험이나 후회와 같은 생생한 이야기는 들려주지 않았다.

　하지만 그런 교육 시스템 속에서 나만의 길을 개척하면서 중요한 사실을 깨달았다. 이야기는 감정을 자극하고, 감정은 기억을 자극한다는 것이었다. 내가 역사적 사건에 관한 정보를 계속해서 기억할 수 있는 유일한 방법은 역사적 사건과 긴밀하게 연결된 인물들을 기반으로 이야기를 재구성하는 것이었다. 날짜와 사건을 단순히 암기하는 대신, 나는 주요 인물들이 어떤 삶을 살았는지 공부했다. 그들은 어떤 신념을 지니고 있었을까? 그들이 특정 방식으로 행동한 동기는 무엇이었을까? 거기엔 어떤 보상들이 따랐을까?

나는 프랑스 혁명 당시, 시민들의 분노가 왜 마리 앙투아네트에게로 향했는지 조사하면서 프랑스 역사를 배웠다. 사치와 사욕 추구의 상징이었던 어린 왕비, 마리 앙투아네트. 자신에 대한 거짓된 소문과 잘못된 묘사가 가득한 신문을 읽으며 마리 앙투아네트가 어떤 기분이 들었을지 상상하려고 애썼다.

그리고 어머니의 수많은 죄를 고발하도록 강요당한 마리 앙투아네트의 아들. 그 뒤로 그녀는 결국 아들에 대한 양육권을 빼앗겼고, 나는 깊은 슬픔을 느꼈다. 마지막으로 그녀가 죽음을 맞이하며 단두대로 걸어갈 때 느꼈을 수치와 무력감, 공포를 떠올려 보려 애썼다. 삶의 마지막 순간에 마리 앙투아네트는 무슨 생각을 했을까? 짧은 인생에서 무슨 감정을 느꼈을까?

그러자 프랑스 혁명이 더는 단순한 역사적 사건이 아니라 고통과 슬픔, 분노와 좌절과 비탄으로 가득한 인간적인 이야기로 다가왔다. 누구나 살아가면서 한번쯤은 이런 특별한 감정을 경험하기 마련일 테니까.

천재들이 깊게 남긴 발자국

의도치 않게 사용했던 이 학습 방식을 나는 인물 중심적 학습 people-focused learning이라 부른다. 배움을 좇는 행위라면 뭐가 됐건, 그 중심에 인물과 그 인물의 이야기가 존재한다는 개념이다. 우리는 이 학습 방식을 통해 역사적 사건 뒷면을 들여다 볼 수 있다.

더 나은 의사 결정을 하고 싶거나 회복탄력성을 키우고 싶다면, 이를 잘 구현한 인물을 선택하면 된다. 그렇게 선택한 인물들의 이야기 속으로 빠져들면서 그들의 '숨은 천재성hidden genius'을 찾아 나선다. 그들을 비범하고 특별한 인물로 만든 숨은 천재성 말이다. 정신적 태도에 관한 것일 수도 있고, 소소하지만 실용적인 팁일 수도 있다. 혹은 그들을 당대의 권위자로 만든 세월이 흘러도 변치 않는 지혜일 수도 있다.

이런 내가 2017년 2월 '더 프로필THE PROFILE'이라는 주간 뉴스레터를 창간한 건 어쩌면 당연한 일이었다. 뉴스레터에는 다양한 프로필이나 한 개인의 이야기를 상세히 파고드는 장문의 기사를 실었다. 구독자가 수만 명에 달했고 그중에는 배우 드웨인 '더록' 존슨Dwayne 'The Rock' Johnson(영화배우 드웨인 존슨이 미국 프로레슬링 선수로 활동했을 때 사용했던 이름이 'The Rock'이다 – 옮긴이), 유명 레스토랑 경영자인 대니 메이어Danny Meyer, 그리고 나의 멋진 어머니도 있었다.

하지만 나에게 '더 프로필'은 그간 쌓아온 학습 방식의 물리적인 구현이었다. 그렇기에 뉴스레터를 쓰고 있지 않을 때에도 나는 인물의 프로필을 읽고 그가 걸어온 인생으로부터 배움을 얻으려 애썼다. 의미 있는 뭔가를 이루어내고, 유용한 생각의 방식을 고안해 낸 인물들, 그리고 다른 사람의 숨은 천재성을 발견하도록 도와준 인물들이 내겐 무엇보다도 중요했다. 인물 중심적 학습 방식을 채택한 사람은 나뿐만이 아니다. 세계적인 성공을 이룬 사람들 중에는, 앞서간 천재들의 발자취를 따라가며 스스로 천재성을 발휘하게 된 이들이 많다.

단순히 훔치는 것만으로는 턱없이 부족하다

먼저 코비 브라이언트Kobe Bryant에 대해 알아보자. 고인이 된 농구계의 전설, 코비 브라이언트는 선수로 활동하던 어린 시절부터 '역대 최고들의 산G.O.A.T. Mountain'(G.O.A.T는 Greatest Of All Time의

줄임말 – 옮긴이)이 목표였다고 말한다. 그 산에 오른 코비 브라이언트는 매직 존슨Magic Johnson, 마이클 조던Michael Jordan, 래리 버드Larry Bird, 제리 웨스트Jerry West, 오스카 로버트슨Oscar Robertson, 빌 러셀Bill Russell과 같은 선수들과 이야기를 나누었다. 코비 브라이언트는 그들에게 물었다.

"어떤 일들을 했나요? 지금까지 경험한 일은 무엇인가요? 그 과정이 당신에게 어땠나요?"

이와 비슷한 예로, 농구 선수이자 감독이었던 스티브 커Steve Kerr는 골든스테이트 워리어스Golden State Warriors 농구팀의 헤드 코치직을 맡기 전에, 자신이 존경했던 모든 코치를 만나기로 결심했다. 그는 필 잭슨Phil Jackson, 그레그 포퍼비치Gregg Popovich, 루트 올슨Lute Olson, 레니 윌켄스Lenny Wilkens, 피트 캐럴Pete Carroll과 같은 전설적인 코치들을 만났고, 그들을 위대한 코치로 만든 본질을 이해하고자 했다.

그 과정에서 스티브 커는 겉으로 보기에는 모순된 듯하지만, 심오한 사실 하나를 발견했다. 자신은 멘토들을 우상화하는 방법으로는 성공할 수 없다는 사실이었다.

"그들과 대화하면서 반복적으로 제 머릿속에 떠오른 생각은, '너 자신이 되어라'라는 핵심 메시지였습니다. 다른 누군가가 되려고 하는 건 아무런 의미가 없어요. 누군가를 모방할 순 있지만,

그 사람이 될 수는 없습니다."

스티브 커의 말이다. 여러분이 다음 페이지를 넘기기 전에 이 책의 중요한 전제를 분명히 짚고 넘어가고자 한다. 이 책은 예전부터 성공했다고 알려진 사람들을 흠 없고 완벽한 '영웅'으로만 묘사하며 숭배하라고 말하지 않는다. 이 책은 우상화가 아니라 배움에 관한 책이다.

체스 세계 챔피언 망누스 칼센Magnus Carlsen을 예로 들어보자. 칼센은 겨우 열세 살의 나이에 그랜드마스터(최고 수준의 체스 선수를 의미한다 – 옮긴이)가 되었고, 그를 인터뷰한 기자들은 칼센의 우상이 누군지 질문하길 즐겼다. 칼센은 블라디미르 크람니크Vladimir Kramnik, 가리 카스파로프Garry Kasparov, 보비 피셔Bobby Fischer를 포함한 여러 선수로부터 많은 것을 배웠지만, 그들 중 단 한 명도 자신의 우상으로 삼지 않았다고 대답했다.

"다른 선수를 우상으로 여기고 그들을 모방하려고 하는 건 결코 제 스타일이 아닙니다. 현재와 과거의 훌륭한 마스터들로부터 얻을 수 있는 걸 최대한 얻어내고 배우려고 노력할 뿐입니다."

단순히 일대일 모델로서 최고의 선수들을 무턱대고 모방하기보다는, 최고로부터 최고를 배우는 방식으로 칼센은 자신만의 강점과 스타일을 만들 수 있었다.

여러 훌륭한 인물을 인터뷰하고 탐구했지만, 나 역시 그들 중 누구도 부러워하거나 영웅처럼 숭배하지 않는다. 그런 성공들이 외부와 단절된 상황에서는 존재하지 않는다는 걸 지켜봐 왔기 때문이다. 누구나 가족이나 돈 문제, 불안감, 그리고 우리 일상에 존재하는 모든 혼란스러움에 대처하며 살아가기 마련이다.

알 파치노^Al Pacino를 당대 가장 상징적인 배우로 여기는 이들도 있을 것이다. 하지만 그의 개인사는 꽤 다사다난했다. 여든 한 살인 알 파치노는 세 명의 자녀를 두고 있지만, 단 한 번도 결혼한 적이 없다. 알 파치노가 겨우 두 살 때 부모님이 이혼했던 터라 결혼하지 않겠다는 선택을 했으리라 짐작해 볼 수 있다. 그는 직업적인 목표를 이루기 위해서는 그 과정에서 어떤 건 포기해야 한다는 사실을 익히 알고 있었다.

만약 여러분이 속한 분야에서 높은 수준의 성공을 이뤄낸 누군가의 발자취를 그대로 밟을 수 있다면 그렇게 할 것인가? 이 책을 읽으면서 나는 여러분이 자신에게 이런 질문을 하길 바란다. "내게 그들과 똑같은 희생과 실수를 하며 하나를 포기하고 하나를 얻는 거래를 할 의지가 있을까?" 세상사는 호사다마(好事多魔)이기 마련이다.

내가 수년간 사람을 연구하면서 발견한 사실이 있다면 바로 이것이다. 한 사람의 인생은 절대 일직선상에 놓일 수 없다. 직선으로 곧게 뻗어 예측할 수 있는 선이라기보다는 부침이 있고 구부러지고 얽히고설킨 거미줄 같은 것이 인생이다. 인생의 목표가 무엇이든 우리는 무엇을 모방해야 하는지 그리고 무엇을 피해야 하는지에 대한 교훈을 언제든 얻을 수 있다.

다음의 중요한 차이를 기억하라. 우상화는 불완전한 사람의 '완벽한' 버전을 당신이 모방하도록 붙잡을 뿐이다. 반대로 배움을 통해서는 자신만의 길을 관찰하고 조합하며 선명하게 닦아낼 수 있다.

이 책은 다양한 사람의 인생 이야기와 숨겨진 재능을 통해, 여러분의 삶에 적용 가능한 실질적인 교훈을 전달하고자 한다. 완벽한 인간은 없지만, 타인의 가장 보람찬 성공과 최악의 실패로부터 배울 점이 있다고 나는 믿는다. 여기서 등장하는 인물들은 당신의 창의력을 높여주고, 여러분과 주변인의 관계를 돈독히 하며, 의사 결정에 힘을 더해줄 도구를 제공할 것이다. 그리고 궁극적으로 여러분의 숨은 천재성을 발견할 수 있는 배움의 여정으로 여러분을 초대할 것이다.

목   차

PART 3

────── **팀으로 살아남거나 개인으로 뒤처지거나**

H I D

PART 1

G E N

D E N

I U S

이루고 싶은 게 있다면,
체력을 먼저 길러라

1장

100킬로그램이 넘는 남자가
턱걸이 4000개를 성공하기까지

강한 정신력은 이해하기 어려운 개념이다. 마음가짐의 일종일까? 극심한 스트레스와 트라우마를 겪지 않고도 성취할 수 있을까? 왜 어떤 사람들은 강한 정신력을 지녔지만 어떤 사람들은 그렇지 않을까?

기존 마라톤의 거리인 42.195킬로미터 이상을 달리는 울트라 마라톤 선수나 네이비실Navy SEAL(미 해군의 엘리트 특수부대. 혹독한 훈련으로 유명하다-옮긴이), 홀로코스트 생존자들은 어떤 공통분모를 가지고 있을까? 누구에게 물어보느냐에 따라 대답이 다르겠지만, 한 가지 공통점은 견디는 능력이라는 것이다.

고통과 불편, 불확실성 속에서 오랜 시간을 버티는 건 결코 우연이 아니다. 이 장에서 우리는 혼란스럽고 감정적으로 매우 힘든 상황에서도 침착함을 유지하는 방법을 마스터한 인물들을 만나볼 예정이다. 그중 다수가 지옥 같은 경험을 하고도, 그 이후에 더욱 강한 회복력과 자신감을 갖춘 모습으로 거듭났다. 어떻게 그럴 수 있었을까?

역경을 동기부여로
레버리지하라

20대 초반인 데이비드 고긴스David Goggins는 천식, 학습 장애, 말더듬증, 심각한 수준으로 낮은 자존감 문제에 시달리고 있었다. 그러던 어느 날 저녁, 소파에 앉아 있던 고긴스는 예상치 못한 여정을 시작하게 되었다.

'늘어지게 소파에 누워 있다가 턱걸이 4000번으로 향하는 여정'이라고 불러도 좋다. 이 여정이 이어지는 동안 고긴스는 3주간 이어지는 네이비실 지옥 주간을 거치고, 50회 이상 극한의 레이스에 참가하고, 24시간 내 최다 턱걸이(정확히 말하자면 4030번) 세계 기록을 보유하게 된다.

인생의 돌파구가 찾아왔을 때, 고긴스는 사실 완벽한 상황이 아니었다. 그 돌파구 자체도 웬만해선 예상하기 힘든 곳에서부터 찾아왔다. 당시 고긴스는 특수 구조 전문가가 되기 위해 공군에서 잠시 지내다가 민간인의 삶으로 돌아왔다. 특수 구조 전문가는 낙하산을 타고 뛰어내리거나 스쿠버다이빙, 암벽 등반 등 고난도의 구조 작전을 수행하는 직업으로, 이를 위해 고도의 훈련을 거쳐야 한다. 전문가 프로그램의 수영 부문를 통과하지 못한 고긴스는 프로그램을 그만두고 나와, 병충해 방제 기술자로 일하며 한 달에 1000달러 정도를 버는 열악한 삶을 살고 있었다.

그날도 고긴스는 미국 레스토랑 업체인 스테이크앤드쉐이크 Steak 'n Shake에 바퀴벌레 박멸 살충제 1킬로그램을 뿌리고 집으로 돌아왔다. TV 앞에 앉은 고긴스는 채널을 여기저기로 돌리기 시작했다.

"디스커버리 채널에서 어떤 쇼가 나오고 있더군요. (네이비실의 혹독한 훈련인) 지옥 주간을 겪고 있는 남성 출연자들이 화면에 보였어요. 다들 추위에 벌벌 떨면서 물속에서 훈련을 하고 있었습니다. 그 모습을 보니 특수 구조 전문가가 되기 위해 훈련받았던 기억이 머릿속에 불현듯 떠올랐습니다. 당시 몸무게가 무려 130킬로그램이었지만 네이비실이 되어야겠다고 결심했습니다."

고긴스는 신체 조건을 갖추기 위해 여러 극한의 레이스에 출전

신청을 했다. 하지만 얼마 지나지 않아 그는 네이비실이 되기 위한 싸움에서 신체 조건이 차지하는 비중은 겨우 절반뿐이란 사실을 깨달았다. 신체만이 아니라 마음가짐 역시 단련이 필요했다. 어린 시절 고긴스는 두려움 속에서 살았다. 학교에서는 끊임없는 괴롭힘과 인종차별을, 집에서는 아버지로부터의 신체적, 정서적 학대를 참아내야 했다.

"여러분이 평생 하는 대화 중 가장 중요한 대화는 바로 여러분 자신과의 대화입니다. 저의 경우, 저 자신과의 대화는 그야말로 끔찍했습니다. 저는 제가 멍청하다고 생각했어요. 존재감 없는 패배자에 불과했죠."

그는 20대 초반까지 이런 불안감에 시달렸다. 배드워터 135 Badwater 135(135마일에 이르는 코스 길이 때문에 배드워터 135라 불린다-옮긴이)에 참가 신청을 하면서 그는 처음으로 자기 마음속의 불안감과 마주하게 된다. 배드워터 135는 엄청나게 더운 데스밸리 Death Valley에서 24시간 동안 217킬로미터를 달려야 하는 극악의 시합이다.

참가 자격을 갖추기 위해 고긴스는 우선 샌디에이고에서 160킬로미터에 이르는 코스를 뛰어야 했는데, 그렇게 먼 거리는 한 번도 뛰어본 적이 없었다. 결과는 어땠을까? 고긴스는 소변에 피가 섞여 나오고 거의 기절 직전 상태에 이르렀으며 발의 뼈가 골절

여러분이
평생 하는 대화 중
가장 중요한 대화는
바로 여러분
자신과의 대화입니다.
저의 경우,
저 자신과의 대화는
그야말로 끔찍했습니다.

— 데이비드 고긴스

되는 상황을 견뎌야 했다. 하지만 결국 완주에 성공했다. 고긴스는 팟캐스트 운영자 조 로건Joe Rogan에게 이렇게 말했다.

"내 인생 최악의 고통이었습니다. 하지만 30킬로미터쯤 달리고 나니 뭔가가 딸깍하고 머릿속에 켜지더군요. 마음속으론 내가 다시는 인생을 엉망으로 살지 않을 거란 걸 알고 있었습니다. 포기하지 않을 거란 것도요. 오히려 내 안의 그 모든 어두운 부분을 활용해서 빛을 끌어내기 시작했습니다. 점점 더 깊이 들어가기 시작했죠."

이 경주를 통해 고긴스는 고통을 견딜 수 있는 정신적 도구를 고안해야 한다는 깨달음을 얻는다. 첫 번째 도구는 네이비실에서 배운 방법으로, 고긴스는 그 방법에 '40퍼센트의 법칙The 40% rule'이라는 이름을 붙였다. 마라톤을 뛰는 사람들 대부분이 32킬로미터 정도 달렸을 때 벽에 부딪히지만 여전히 완주할 수 있는 이유는 바로 이 법칙 덕분이다.

방법은 간단하다. **당신의 마음으로부터 '당신은 이제 끝났다', '지쳤다', '더는 나아갈 수 없다'는 소리가 들린다면 실제로는 40퍼센트 정도 지친 상태라고 생각하면 된다.**

"많은 차량에는 속도제한장치가 있죠. 예를 들어, 시속 145킬로미터가 제한속도라고 칩시다. 시속 210킬로미터로 달릴 수 없도록 이 장치가 작동하기 때문에 우리는 그냥 145킬로미터 정도로 달리는 겁니다. 우리 뇌에서도 이와 같은 일이 일어납니다. 우리가 불편함을 느낄 때 우리의 뇌는 불편함에서 빠져나갈 방법을 제시합니다. 그만두거나 더 쉬운 방법을 택하는 대안을 내놓는 거죠."

고긴스가 사용한 두 번째 도구는 '책임감의 거울^{accountability mirror}'로, 자신의 통제 아래 정서적 고통을 경험하도록 하는 방법이다. 고긴스가 네이비실이 되겠다고 결심했을 때, 그는 거울에 비친 자신의 모습을 보고 이렇게 말했다.

"너는 뚱뚱하고 게으른 거짓말쟁이야. 도대체 어떻게 할 작정이야?"

가혹하게 들리겠지만 고긴스는 자신의 불안한 감정들을 극복하려면 정면으로 부딪쳐야만 했다고 말한다. 자신을 비판하는 문장 뒤에 해결책 모색에 중점을 둔 질문을 함으로써 고긴스는 자아비판을 넘어서서 뭔가를 이루고자 했다. 고긴스는 자신이 원하는 목표를 달성하려면 어떤 단계를 거쳐야 하는지 적은 포스트잇을 자기 집 거울 테두리를 따라 하나하나 붙였다. 포스트잇에는 이런 글들이 적혀 있었다.

'하루만이라도 다른 사람들로부터 인정받기 위한 거짓말을 하지 말자.'

'3킬로미터를 달리러 나가자.'

세 번째로 고긴스는 매일 하기 싫은 것을 하기로 했다. 고통을 통해 성장할 수 있다고 믿었기 때문이다. 하기 싫은 일을 한다는 건 여러분의 최초 본능에 반하는 행동을 해야 한다는 의미인 경우가 많다. **밖에 비가 억수같이 쏟아진다면? 그래도 무조건 나가서 뛰어라. 집이 엉망인데 지금 너무 피곤하다? 무조건 일어나서 치워라.** 이런 사고방식은 여러분을 경계 상태로 이끌어 편안함을 좇는 게으른 루틴으로부터 빠져나올 수 있게 도와준다.

"일부러 불편함을 찾아 나서도록 저 자신을 세뇌했습니다."

고긴스가 덧붙였다. 자발적으로 고통을 선택하는 일이란 매우 드물다는 건 말할 필요도 없는 이야기다. 일반적으로 고통과 괴로움은 우리의 의지에 반해 겪게 된다. 사랑하는 이가 세상을 떠났을 때, 연인과 헤어졌을 때, 혹은 갑작스레 실직했을 때가 그 예다. 자발적인 고통에 자신을 몰아넣은 적이 없다면, 즉 고긴스가 말하는 **'마음에 굳은살이 박이지' 않은 상태**라면 당신은 걷잡을 수 없는 변화를 겪게 될 것이다.

하지만 여러분도 자발적 고통을 선택할 수 있다. 자신에게 스트레스 테스트를 시행한다고 생각해 보자. 인위적으로 역경을 만들어내는 것이다. 여러분의 인생에 의도적으로 힘겹게 이겨내야 할 마찰을 형성한다면, 앞으로 견뎌내야 할지 모르는 심각한 일들에 더 잘 대비할 수 있다.

네이비실 요원은 인위적 역경을 마주하는 데 특히 익숙해져 있다. 훈련을 하는 동안 지원자들은 자신의 생리적 상태를 통제해야 하는 어려운 임무를 수행한다. **그들은 '강한 정신력의 네 가지 기둥**The Four Pillars of Mental Toughness**'이라는 원칙을 사용한다. 목표 설정, 정신적 시각화, 긍정적 자기 대화, 자극 조절이 바로 그것이다.**

자극 조절은 의도적으로 자신의 감정 반응을 조절하는 것으로 보유한 이가 극히 드물기에 가장 흥미로운 기술이다. 일반적인 사람은 극심한 압력을 받으면 땀이 나기 시작하고 심장이 빠르게 뛰며 머릿속이 새하얘진다. 하지만 네이비실 요원들은 가장 극한의 상황에서도 자연적인 신체 반응을 초월하는 방법을 배운다.

예를 들어, 네이비실 요원은 전투 중에도 심장박동이 한결같이 유지된다. 또한 운동선수는 높은 압력을 받는 상황이 되면 터널 시(視)tunnel vision(한 가지 일에 몰두한 상태 – 옮긴이)가 발동해 크게 힘을 들이지 않고도 우수한 성과를 낸다.

"부처는 인생은 고통이라는 유명한 말씀을 남겼습니다. 나는 불교를 믿진 않지만, 부처가 한 말의 의미를 이해하고 여러분도 그럴 것입니다. 이 세상에 존재하기 위해서 우리는 굴욕과 좌절된 꿈, 슬픔과 상실을 반드시 겪어야 합니다. 그것이 자연의 섭리입니다. 각자의 인생에는 개개인에게 주어진 일정량의 고통이 따릅니다. 고통은 당신을 찾아갈 것이고, 당신은 그걸 멈출 수 없습니다. 그리고 그 사실을 당신은 알고 있습니다."

고긴스의 말이다. 이것이 바로 고긴스가 역경을 일부러 만들어 내야 할 뿐만 아니라 일상적으로 찾아 나서야 한다고 믿는 이유다. 가장 마찰이 심한 길을 선택함으로써 진정한 자신감을 기를 수 있다. 우리 중 다수가 과정 없이 결과만 원한다고 고긴스는 말한다. 앞으로 그리고 또 앞으로 묵묵히 전진하기 위해 고통은 필수 조건이라는 사실을 우리는 종종 잊는다.

• 암벽등반가 토미 콜드웰

암벽등반가 토미 콜드웰Tommy Caldwell은 자신의 아버지가 최고로 잘한 일은 바로 자신이 '선택적 역경elective hardship'을 겪을 수 있도록 한 일이라 말한다. 그는 어린 시절 아버지와 함께 눈보라에 갇히고, 눈으로 만든 동굴에서 자며, 거대한 산을 올랐다.

"왜 어떤 사람들은 트라우마를 보다 나은 쪽으로 활용하는 반면, 어떤 사람들은 트라우마에 빠져 허우적대는지 그 이유를 몇 년에 걸쳐 곰곰이 생각해 보았습니다. 지금까지 제가 떠올린 가장 적절한 논리는 결국 훈련이 답이라는 겁니다. 제가 아는 최고의 역경 훈련은 모험입니다."

- **심리학자이자 홀로코스트 생존자 에디트 에바 에거**

"고통은 보편적입니다. 하지만 피해자 의식은 선택적입니다."

홀로코스트 생존자 에디트 에바 에거Edith Eva Eger는 그녀의 회고록 『마음 감옥에서 탈출했습니다』에 이런 글을 남겼다. 우리는 모두 인생을 살면서 어떤 방식으로든 피해자가 되곤 한다. 어느 시점에 우리는 통제할 수 없는 상황에 부딪치거나 고통 혹은 학대를 겪게 된다.

"이것이 바로 피해자가 되는 상황입니다. 피해는 외부로부터 옵니다. 나를 괴롭히는 이웃, 화내는 상사, 때리는 배우자, 바람 피우는 애인, 차별적인 법규, 병원에 입원해야 하는 사고 등이 그 예죠."

다른 관점에서 보면 피해자 의식은 내부에서 온다고 할 수 있다. 당신을 피해자로 만드는 건 누구도 아닌 당신 자신이기 때문이다.

"우리에게 일어난 일 때문에 피해자가 되는 것이 아니라, 피해당한 사실에 묶여 있길 선택했기 때문에 피해자로 남는 것입니다. 그러면 우리는 피해자 의식을 갖게 됩니다. 융통성 없고 남을 탓하며 비관적이고 과거에 얽매인 사고방식과 태도를 보입니다. 남의 잘못을 용서하지 않고 가혹하며 건전한 한계나 경계가 없는 태도로 행동하고 생각합니다. 피해자의 마음에 갇히기를 택할 때 우리는 스스로를 감옥에 가두게 됩니다."

피해자 의식에 굴복하지 않는다면, 가장 어려운 상황들을 헤쳐나갈 수 있는 일종의 정신적 회복력을 구축할 수 있을 것이다.

피해자 의식은
선택적입니다.
피해자의 마음에
갇히기를 택할 때
우리는 스스로를 감옥에
가두게 됩니다.

─ 에디드 에바 에거

2

고통을 멀리서
바라보기

고통에 면역될 수 있을까? 대부분의 사람은 무슨 수를 쓰더라도 고통은 피할 필요가 있다는 생각에 길들여져 있다. 하지만 고통을 의인화해 적이 아닌 친구로 바라본다면 어떤 일이 일어날까?

'고통의 여왕Queen of Pain'이라 불리는 아멜리아 분Amelia Boone은 낮에는 애플에서 사내 변호사로 일하고 밤에는 장애물 레이스 선수로 활동한다. 자신이 팔굽혀펴기를 단 하나도 하지 못한다는 사실을 깨달은 스물여덟 살에 분은 첫 터프 머더Tough Mudder 레이스에 도전했다. 터프 머더는 수 킬로미터의 장애물 코스를 완주해야 하는 경주로, 얼음장같이 차가운 물속에서 헤엄치기, 매달린 철조망 사이를 전기 충격을 피해 통과하기, 미로처럼 얽힌 파이프 안에 온몸을 욱여넣어 빠져나오기 등이 포함된다.

그 이후, 아멜리아 분은 더 강해지는 데 집착하게 되었고, 세 차례나 세계 최강의 터프 머더 챔피언으로 등극하였으며 역사상 가장 많은 상을 받은 장애물 경주 선수 중 한 명이 되었다. 이 모든 것이 애플에 정규직으로 근무하며 이룬 업적이다. 고정된 업무시간을 제외하고 훈련할 시간을 확보하려고, 분은 새벽 4시에 일어나서 7시에 사무실로 도착하기 전까지 달리기 훈련을 시작했다.

2019년, 그녀는 악명 높은(종종 '가학적'이라 불리는) 빅스 백야드 울트라Big's Backyard Ultra에 참가한다. 이 레이스에서는 참가자들이 6.7킬로미터의 코스를 마지막 한 사람이 남을 때까지 몇 바퀴고 돈다.

"저는 레이스가 지니는 정신적인 측면을 사랑합니다. 빅스 백야드 울트라 레이스는 많은 부분을 정신적인 면이 차지하고 있죠. 당신 앞에 놓인 다음 바퀴를 통과하는 데만 집중하는 레이스라 할 수 있습니다."

아멜리아가 내게 한 말이다. **고통의 수준이 극복할 수 없을 정도에 이를 때, 자기 마음에 대한 통제를 잃으면 신체에 대한 통제도 반드시 잃게 된다는 걸 아멜리아는 알고 있었다.** 그래서 그녀는

'고통과 친구 되기^{making friends with pain}'라는 기술을 사용했다.

"전 고통을 적으로 대하고 싶지 않습니다. 고통은 여러분의 친구예요. 고통은 여러분에게 신호를 줍니다. 고통은 여러분이 무엇에 집중해야 하는지 알려주죠." 아멜리아가 말을 이었다.

"경주를 하는 동안, 저는 말 그대로 제 여러 신체 부위에 말을 겁니다. '좋아, 발. 지금은 좀 아픈 상태야.' 고통을 의인화하면 고통을 나 자신으로부터 분리해서 생각할 수 있습니다. 고통과 친구가 되면 고통은 나를 이끌고 가르치는 존재가 됩니다."

고통을 의인화하는 또 다른 레이스 선수로는 울트라 마라톤 선수인 코트니 다우월터^{Courtney Dauwalter}가 있다. 2017년, 다우월터는 모압 240^{Moab 240}에서 우승한 뒤 각종 헤드라인을 장식했다. 모압 240은 유타주에서도 가장 힘겨운 지형을 통과하여 240.3마일(약 386.7킬로미터)을 달리는 경주다. 다우월터는 58시간만에 코스를 완주하고 우승을 차지했는데, 2위와의 차이가 무려 10시간이 넘었다. 다우월터는 심각한 어지러움, 머리에 피가 흐르는 부상, 일시적 실명 등 한꺼번에 여러 증상을 겪으면서도 침착함을 유지했다.

"저는 그런 종류의 고통과 괴로움은 당신이 멈추어야 할 신호가 아니라고 생각합니다. 물론 저도 원인을 찾아서 해결하려고 하긴 하지만, 보통 제 해결책은 그냥 계속 나아가는 것입니다."

다우윌터는 스포츠 담당 기자 사라 바커^{Sarah Barker}에게 이렇게 말했다. 다우윌터는 고통을 마치 하나의 공간^{place}으로 생각하도록 자신을 길들였다. 그녀는 자신이 '고통 동굴^{pain cave}'에 입장하는 모습을 상상한다. 때때로 여러분은 고통 동굴에 자기 발로 걸어 들어가기도 하고 때로는 여러분의 의지에 반해 인생이 여러분을 고통 동굴로 몰아넣을 때도 있다.

고통을 대상화하는 방식이 유용한 이유는 고통에 들어갈 때를 여러분이 통제하고 있으며, 그와 마찬가지로 고통을 떠날 때 역시 여러분에 의지에 따를 수 있다는 것을 상기시켜 주기 때문이다.

다우윌터는 말했다. "고통은 제게 들어가기 두려운 공간이 아닙니다. 오히려 들어가는 입구를 찾는 동안 흥분되고 신이 나는 장소죠."

정신력 코치인 로런 존슨^{Lauren Johnson}을 인터뷰했을 때, 존슨은 내게 **자기 자신에게 귀 기울이는 것과 말 거는 것에는 중요한 차이가 존재한다**고 말했다. **전자는 피해야 하는 행동이지만, 후자는 권장되어야 하는 행동이라는 것이다.**

존슨에 따르면 **자기 자신에게 귀 기울일 때, 여러분은 온갖 이유를 대며 더는 계속할 수 없다고 부정적인 말만 해대는 자신을 만난다. 하지만 자기 자신에게 말을 걸면, 여러분 앞에 놓인 도전과제를**

극복하기 위해 들을 필요가 있는 말만 하는 자신을 발견하게 된다.

자기 대화의 전문가인 고긴스는 인생에서 가장 멋진 곳으로 향하는 열쇠를 쥐고 있는 문지기가 고통이라고 자신을 설득했다.

"고통은 마음속 비밀의 문을 열어줍니다. 최고의 성과와 아름다운 고요함으로 이어지는 문이죠."

고긴스의 말이다. 고통의 마스터들은 고통을 불편함이나 고문으로 바라보지 않는다. 그들은 고통을 살아 있는 존재로 여기며 고통을 통해 자신들이 한 단계 성장할 수 있는 비밀에 접근한다고 생각한다.

• **'휴먼 사이보그'라 불리는 로봇 기술자 피터 스콧모건**

루게릭병 판정을 받은 뒤, 피터 스콧모건^{Peter Scott-Morgan}은 파격적인 일을 벌였다. 스스로 사이보그가 된 것이다. 스콧모건은 자신의 인간성을 인공지능 및 로봇공학 기술과 융합해 과거의 자신과 똑같은 아바타를 만들었다. 이것이 의미하는 바는 무엇일까?

스콧모건은 자신과 같은 목소리를 내는 합성 음성을 만들고, 3차원 영상으로 아바타를 제작하고, 자신의 의사소통을 도와줄 시선 추적 시스템을 구축하기 위해 여러 기업에 연락을 취했다. 스콧모건은 루게릭병이라는 퇴행성 질환 그리고 그 병과 함께 따라오는 정서적, 신체적 고통을 자기를 괴롭히는 사람으로 인식한다. 그리고 이 불한당을 어떻게 다루어야 하는지 알고 있다. 스콧모건은 1979년부터 남편과 함께 지내왔고, 둘은 영국에서 합법적으로 혼인이 인정된 첫 번째 동성 커플이다.

"우리는 젊은 시절부터 경찰, 학교의 남자아이들, 마거릿 대처 Margaret Thatcher와 대처의 정부로부터 괴롭힘을 받았습니다. 사회 전체가 우리를 가치 없는 존재로 여겼죠. 경험을 통해 우리는 나를 괴롭히는 상대에게 저항해야 한다는 걸 배웠습니다. 여러분이 고통받고 있는 모습을 그들이 보도록 해선 안 됩니다."

스콧모건 커플이 보기에는 지금까지 그들이 마주친 최악의 불한당은 루게릭병이다. 이 병을 불한당으로 설정함으로써, 스콧모건은 앞으로 계속 싸워나갈 힘을 얻었다.

· **작가 셰릴 스트레이드**

1995년, 스물여섯 살이던 식당 종업원 셰릴 스트레이드 Cheryl Strayed는 몇 해 전 어머니가 암으로 돌아가시고 난 이후 인생이 나락으로 떨어진 상태였다. 자신의 삶이 통제할 수 없는 수준에 이르자, 스트레이드는 멕시코부터 캐나다까지 이어지는 불모의 트레일 루트인, 퍼시픽 크레스트 트레일Pacific Crest Trail(미국 서부의 남쪽 멕시코 국경 지대에서 북쪽 워싱턴주 끝까지 산악 지대를 따라 이어지는 트레일 루트로, 약 4300킬로미터에 달한다 – 옮긴이) 완주에 도전하기로 했다.

스트레이드는 트레킹을 하며 다양한 종류의 고통과 두려움에 맞닥뜨렸다. 길 위로 어둠이 내려앉으면, 온갖 상상력과 걱정이 장난을 걸기 시작했다. 그림자를 보거나 소리를 듣는 것만으로도 심장이 두근거렸다. 방울뱀, 푸마, 연쇄 살인마가 나타나진 않을까 끊임없이 길 위를 살펴보았다. 그러던 어느 날, 스트레이드는 두려움이 자신을 정복하도록 둔다면, 이 여정은 막을 내릴 운명이란 사실을 깨닫게 됐다. 그래서 자신에게 말을 걸고 질문을 했다.

"누가 널 지배하게 할 거야?"

두려움? 고통? 불안? 용기? 스트레이드는 용기를 택했다. 하이킹을 시작하고 8일 동안, 사람 그림자조차 보지 못한 스트레이드는 자신의 외로움을 의인화했다.

"외로움은 제게는 항상 실제 존재하는 공간처럼 느껴집니다. 외롭다는 하나의 상태가 아니라, 진정한 나 자신으로 돌아갈 수 있는 방 같은 느낌이죠. 퍼시픽 크레스트 트레일에서 경험했던 지독한 외로움 덕분에 외로움을 대하는 태도가 바뀌었습니다.”

스트레이드는 자신의 회고록, 『와일드』에서 이렇게 말했다. 스트레이드가 94일에 걸쳐 4300킬로미터에 이르는 트레일을 완주하는 동안 스트레이드는 완벽하게 혼자였던 때가 많았다. 그리고 자신의 스물일곱 번째 생일이 되기 이틀 전, 마침내 목표지점에 도착했다.

“두려움은 대부분 우리가 자신에게 하는 이야기로부터 태어납니다. 그래서 저는 여느 여성들이 듣는 이야기와는 다른 이야기를 저 자신에게 들려주기로 했습니다. 전 안전한 상태이고, 강인하며, 용감하다고 다짐했죠. 절 패배하게 할 수 있는 건 아무것도 없었습니다.”

스트레이드가 회고록에 쓴 글이다.

두려움은 대부분
우리가 자신에게 하는
이야기로부터 태어납니다.
그래서
저는 저 자신에게
다른 이야기를
들려주기로 했습니다.

— 셰릴 스트레이드

또 다른 자아를
끄집어내라

데이비드 고긴스와 시간을 보내거나 고긴스가 대화하는 걸 본 적이 있다면 시간이 지날수록 뭔가 이상한 점을 발견하게 될 것이다. 고긴스는 자신을 3인칭 시점으로 지칭하며 말한다. 이건 우연한 일이 아니다. 오만함도 아니다. 두려움과 학대로 점철된 과거의 자신과 거리를 두어 별개의 자아를 형성하려는 고긴스의 의도적인 전략 중 일부다.

"전 '고긴스'를 만들어야 했습니다. '데이비드 고긴스'는 아주 약한 아이였기 때문이죠. 전 제 존재를 자랑스럽게 여기고 싶었습니다."

고긴스는 자신은 태어난 게 아니라 만들어졌다고 말하길 좋아한다. 또 다른 자아를 사용하는 방법은 극단적 형태의 '자기 거리 두기self-distancing'로, 약간의 거리를 두어 사람들이 더 객관적으로 상황을 바라보고 사고할 수 있도록 하는 심리학 도구다.

감정에 빠져들면 건강하지 못한 생각의 반복으로 이어질 수 있지만, 자신과 약간의 거리를 두면 스스로 감정을 더 잘 조절하는 데 도움이 된다. 일시적으로 또 다른 자아를 형성하는 방법 중 하나는 자신을 3인칭 시점으로 지칭하는, 일리이즘illeism을 사용하는 것이다. 일리이즘은 말하는 주체가 거만한 사람인 것처럼 보여, 일반적으로는 잘 받아들여지지 않는 방식이다. 하지만 잘만 활용하면 말하는 이의 불안감을 줄이고 자신감을 키우는 강력한 도구가 될 수 있다.

"정신적 외상을 초래하는 과거의 일들을 3인칭 시점으로 말할 때, 사람들은 자신을 훨씬 더 연민 어린 시선으로 바라본다는 연구 결과가 있습니다."

정신과 의사 킴 슈나이더먼Kim Shneiderman의 말이다. 자기 거리 두기는 우리가 감정을 관리하는 데에도 도움이 되는 전략이다.

"또 다른 자아를 형성하면 자신에게 선택권이 부여된 것 같은 기분이 듭니다. 현재 모습은 자신이 아니며, 나는 내가 되고 싶은 모습이 되리라 선택할 수 있는 거죠. 약간의 거리 두기만 하면 우리는 스스로 선택할 수 있는 능력을 자신에게 부여하게 됩니다."

정신력 코치인 로런 존슨의 말이다. 자기와 거리를 둔 상태에서 바라보면, 중요한 순간에 자신감을 결집하고 불안감과 두려움을 완화하는 데 도움이 된다. **여기서 정말 멋진 사실은, 처음에는 실제 자아와 또 다른 자아가 두 개의 독립적 자아처럼 보이지만 결국에는 두 자아가 섞여 들기 시작한다는 점이다.** 데이비드 고긴스 역시 시간이 지날수록 자신의 또 다른 자아, '고긴스'를 완벽히 받아들이게 되었다.

"저는 고통을 찾아 나서고 괴로움과 사랑에 빠지면서, 결국에는 지구에서 가장 약해지고 볼품없던 녀석을 신이 창조한 가장 강인한 인간으로 변화시켰습니다. 혹은, 그렇다고 저 자신에게 말하죠."

고긴스는 이렇게 이야기한다. 하지만 놀랍게도 괴로움을 견디는 장인에 운동선수만 있는 건 아니다.

앤서니 레이 힌턴Anthony Ray Hinton을 예로 들어보자. 고긴스, 분, 다우월터와 달리 힌턴은 고통을 일부러 찾아 나서지 않았다.

사법 제도의 오점으로 힌턴은 자신의 의지와는 관계없는 고통을 받았다. 1985년, 미국 남동부에 있는 앨라배마Alabama에서 체포된 힌턴은 두 건의 일급 살인을 저질렀다는 누명을 쓰고 기소되었다. 신원을 오인해 생긴 일이란 걸 알고 있었던 힌턴은 진실이 결백을 증명해서 자유의 몸이 될 거라 순진하게 믿었다.

하지만 미국 남부에 거주하는 가난한 흑인 남성이었던 힌턴은 전기 처형을 통한 사형을 선고받았다. 힌턴은 사형의 집행을 기다리며 복역한 30년 동안 계속해서 결백을 주장했고, 앨라배마 역사상 사형 집행을 기다리는 최장기 수감자 중 한 명이 되었다.

힌턴은 30년간 매일같이 정신적, 정서적, 신체적 압박에 시달렸다. 그동안 쉰네 명의 수감자가 그의 감방을 지나 사형 집행장으로 향했다. 스스로 목숨을 끊은 사형 집행 대기 수감자도 스물두 명이나 되었다.

"사형 집행실에서 9미터 쯤 떨어진 내 감방에서는 살이 타들어 가는 냄새를 맡을 수 있었다."

힌턴은 자신의 회고록 『그들은 목요일마다 우리를 죽인다』에서 이렇게 말했다. 힌턴은 하루 24시간을 혼자 있어야 하는 가혹한 현실에서 벗어나기 위해 마음의 힘을 이용했다. 독방에서 지내면 많은 사람이 정신적으로 무너지고 하나둘 포기하다가 결국 자살을 선택한다. 힌턴은 수십 년의 세월을 어떻게 미치지 않고 버텨냈을까?

힌턴은 전혀 새로운 방식을 택했다. **그는 독방을 한 번도 벗어나지 않고서도 감방에서 탈출했다. 과연 어떻게 한 걸까? 힌턴은 그의 고통을 공상 속 존재로 인식했다.** 공상 속에서 힌턴은 '종신 수' 딱지가 붙은 자신으로부터 거리를 둔 또 다른 자아가 될 수 있었다.

독방에 갇혀 있으면서 힌턴은 여러 다른 자아를 형성했다. 세계 여행가가 되기도 하고, 할리 베리Halle Berry(미국의 유명 여배우 – 옮긴이)의 남편이 되기도 했다. 영국 여왕의 초대를 받기도, 심지어는 윔블던 대회의 우승자가 되기도 했다. 모두 공상 속에서 말이다.

"나는 쓰레기 같은 생각에 절대 내 마음을 쓰지 않았다. 나는 외로운 나날을 헤쳐나가기 위해 내 마음을 사용했다."

힌턴의 예를 통해 현재 우리가 가진 자아에 영구적으로 묶여 있지 않아도 된다는 사실을 알 수 있다. 나아가 우리가 되고 싶은 사람에 근접한 자아로 바꿀 수도 있다. 작가 제임스 클리어James Clear가 쓴 것처럼, 지금 당신의 행동은 단지 현재 당신 자아의 투영일 뿐이다. 지금 당신이 하는 행동은 당신이 (의식적으로 혹은 무의식적으로) 자신에 해당하는 타입이라 믿는 인물의 거울 이미지다.

고긴스는 피해자에서 세계 최강의 운동선수로 거듭났다. 그는 자신의 또 다른 자아가 되었다. 과연 어떻게 해야 이렇게 될 수 있을까?

"먼저, 진짜 자신과 마주해야 합니다. 진짜 제 모습은 데이비드 고긴스입니다. 말을 더듬고, 읽기와 쓰기를 못하고, 뚱뚱한 데다 불안정하죠. 그 어두운 방 안에서 당신의 실체와 마주해야 합니다."

고긴스가 말을 이었다.

"당신은 지금 그 어두운 방 안에 있지만, 이제 그곳에서 새로운 인간을 만들어내야 합니다. 자신과 마주하고, 더 나아지길 원하는 자신을 발견하고, 이렇게 불안하고 약한 인간, 우리 누구나 가진 그런 문제들을 겪고 있는 과거의 자신은 되고 싶지 않다는 걸 깨달아야 합니다."

고긴스의 어두운 방, 다우월터의 고통 동굴, 힌턴의 독방과 같은 공간들은 탈바꿈의 공간과 같은 역할을 한다. 어떤 한 타입의 사람으로 들어가서 상상할 수 없는 고통과 괴로움을 겪고, 나올 때는 완벽히 새로운 자아의 모습이 되는 공간 말이다.

고긴스가 말하는 것처럼, **무너지지 않으면 반드시 변한다.** "인생은 언제나 가장 힘겨운 경주 스포츠가 될 것이고, 여러분이 열심히 훈련하고, 불편함을 감수하고, 마음에 굳은살이 박이도록 노력한다면 여러분은 더 다재다능한 경쟁자로 거듭날 것입니다. 무슨 일이 있더라도 앞으로 나아가는 방법을 찾도록 훈련된 자가 될 것입니다."

- **싱어송라이터 비욘세 놀스**

  활동 초기, 비욘세 놀스Beyonce Knowles는 수줍음이 많고 내성적이었다. 사람들이 무대 위에서 보는 에너지 넘치는 모습과는 사뭇 달랐다. 그래서 비욘세는 자신의 또 다른 자아를 만들고 '사샤 피어스Sasha Fierce'라는 이름을 붙여주었다. 사샤는 비욘세가 아직은 이르지 못했던 수준의 자신감을 가지고 공연할 수 있도록 했다. 비욘세는 2006년에 실제로 이런 말을 한 적이 있다.

  "실제로 저는 전혀 그런 성격이 아니에요. 저는 사샤처럼 추파를 던지거나 자신감이 넘쳐흐르거나 겁 없지 않아요."

  여러분도 짐작하다시피, 이제 비욘세는 무대 위에 서기 위해서는 또 다른 자아에 기댈 필요가 없다. 그녀는 자기 모습 그대로 자신감을 느끼게 되었다.

  "사샤 피어스는 이제 없습니다. 제가 죽였죠. 이제 저는 성장했으니 더는 사샤가 필요하지 않습니다. 지금은 사샤와 저 자신이 하나가 될 수 있거든요."

  2010년 비욘세는 《얼루어Allure》와의 인터뷰에서 이렇게 말했다.

· NBA 올스타 코비 브라이언트

코비 브라이언트Kobe Bryant는 '블랙 맘바Black Mamba(아프리카에 서 식하는 독사의 한 종류 – 옮긴이)'라는 또 다른 자아로 알려져 있다. 그의 경력에서 가장 저조한 성적을 보이던 시기를 헤쳐나가기 위해 만든 자아였다. 블랙 맘바라는 이름은 영화 〈킬 빌Kill Bill〉 에서 영감을 받은 이름으로, 영화에서는 민첩함과 공격성의 대 명사인 뱀을 활용해 잔혹한 암살자의 암호명으로 쓰였다.

"길이도 길고 뱀처럼 물고 때리는 성질머리까지, 딱 내 얘기네!" 코비 브라이언트는 시합 중 관중이 '코비 최악Kobe sucks'이라고 외칠 때, 또 다른 자아를 내세워 진짜 자신과의 정서적 거리를 둘 수 있었다고 한다.

"정신을 다른 곳에 집중할 수 있었습니다. (블랙 맘바로) 정신적 전 환을 할 때, 그때가 '치고 나가야 할 순간'이란 걸 알았죠."

· 전과자 프랭크 애버그네일

프랭크 애버그네일Frank Abagnale은 비행기 조종사이자 의사, 미 교도국 소속 직원, 사회학 교수, 변호사였으며 스물한 살이 되 기 전에 이 모든 직업에 종사했다. 어떻게 그럴 수 있었을까?

그는 제복을 입었고, 가짜 신분을 사용했으며, 책임자들의 신뢰를 얻었다. 사람들은 종종 애버그네일을 역사상 가장 뛰어난 사기꾼이라고 부른다.

"한 사람의 또 다른 자아는 그가 가장 좋아하는 자신의 이미지에 불과하다."

애버그네일은 그의 자서전 『스캠 미 이프 유 캔』에 이런 글을 썼다.

"윈저 호텔의 거울에 내가 가장 좋아하는 내 모습이 비쳤다. 어두운 면이 있으면서도 잘생긴 젊은 비행기 조종사. 매끈한 피부에 탄탄한 어깨가 돋보이는 깔끔하고 단정한 모습이었다."

누구나 자신을 대체하는 자아의 모습에 다가갈 수 있는데, 애버그네일의 경우 옷을 갖춰 입는 방식을 사용했다. 차림새와 품행은 한 사람의 지위와 부를 암시하고 심지어 육체적 매력까지 전달할 수 있다.

"품격 있는 태도를 지니면 어디에서나 존경받는다는 사실을 나는 일찍이 깨달았다. 어떤 잘못이나 범죄도 품격이 더해지면 대부분 더 관대하게 다루어진다." 애버그네일의 말이다. 사기꾼은 속이기 위해 다른 사람인 척하지만, 자신 있는 사람은 진짜 다른 사람이 되기 위해 다른 사람인 척한다.

한 사람의 또 다른 자아는
그가 가장 좋아하는 자신의
이미지에 불과하다.

— 프랭크 애버그네일

숨은 재능을 발굴하는 일상의 실천

- 당신은 생각보다 강한 사람이다. 당신의 마음으로부터 당신은 이 제 끝났다고, 지쳤다고, 더는 나아갈 수 없다고 말하는 소리가 들린다면, 아마 실제로는 40퍼센트 정도 지친 상태일 것이다.

- 자기비판은 자기 파괴적이 될 수 있다. 자기비판 대신, 현실적 방안에 초점을 맞추고 솔직한 태도로 임하는 자기 책임주의를 선택하라.

- 주기적으로 역경에 처하게 해서 스스로에게 스트레스 테스트를 시행하라.

- 피해자 의식은 항상 선택적이란 사실을 기억하라.

- 고통과 친구가 되어라. 고통은 당신이 무엇에 집중해야 하는지 알려준다. 고통을 의인화하면 고통과 당신을 분리할 수 있다. 고통은 가르침을 준다.

- 자신의 목소리를 듣지 마라. 자신에게 말을 걸기 시작하라.

- 또 다른 자아 선택하기 등 자기 거리 두기는 당신이 처한 상황을

더 객관적으로 바라볼 수 도와준다.

- 자신이 처한 상황을 솔직하게 직시하며 무너지지 않는 이들에게
  는 변화가 기다리고 있다.

만약 아이디어가 인류 진보의 생명줄이라면, 어떤 아이디어를 구현할
것인지 생각해본 적이 있는가? 우리의 정체성은 간과되지 쉽지만, 그
안에도 가능성의 영역은 존재한다.

2장

아프리카 난민에서
UFC 챔피언이 되기까지

여기 놀라운 사실이 있다. 생물학적으로 말하자면, 지금 당신은 어린 시절의 당신이 아니다. 여러분 신체 부위 대부분이 수년에 걸쳐 재생되어 왔다. 위장의 내벽은 며칠마다 새로워지며, 뼈는 10년마다 달라진다.

이는 '테세우스의 배^{Ship of Theseus} 역설'의 고전적인 예시다. 테세우스의 배는, 한 사물이 그 구성요소 전체를 바꾸었다면 과연 여전히 근본적으로 같은 사물일까를 묻는 사고실험을 지칭한다. 목조선의 모든 부분을 시간이 흐르는 동안 서서히 바꾼다면, 그 배는 여전히 같은 배일까 아니면 완벽히 새로운 배일까?

당신의 정체성을 정의하는 것은 당신의 육체, 정신, 외모, 업적, 관계, 소유물 중 무엇일까? 진짜 당신이라고 여기는 '당신'은 누굴까? 지금의 당신일까, 내일의 당신일까, 아니면 10년 전 혹은 10년 후의 당신일까?

심리학자 댄 길버트^{Dan Gilbert}는 TED 강연에서 다음과 같은 말을 했다. **"인간은 스스로 완성되었다고 착각하지만, 여전히 완성을 향해 나**

아가고 있는 상태입니다. 지금 이 순간 당신은 여태껏 당신이었던 모습과 마찬가지로 일시적으로 머물고 있을 뿐입니다. 우리 인생에서 변하지 않는 단 한 가지는 바로, 변화입니다."

이는 다시 말해, 자기 정체성의 창조주가 되는 것이 가능하다는 의미다. 오늘의 당신이 반드시 내일의 당신과 같은 사람일 필요는 없다는 이야기다. 우리의 재능이 발견될 가능성은 여전히 유효하다.

우리의 재능이 성공한 인물을 많이 만나고 지금까지 그들이 걸어온 길을 연구한 결과, 답을 찾아야 할 한 가지 질문이 도출되었다. 당신 자신의 숨은 천재성은 어떤 모습일까? 숨은 천재성을 어떻게 발굴할 수 있을까?

인간은 스스로
완성되었다고 착각하지만,
여전히 완성을 향해
나아가고 있는 상태입니다.

— 댄 길버트

꼬리표를 조건 없이
수용하지 마라

2018년, 어느 스타트업 컨퍼런스에 참석했을 때 주최 측 관계자 중 한 명이 내 좌석을 찾도록 도와 주었다. 주위가 너무나 시끄러워서, 내가 들을 수 있던 말은 "아시잖아요, NRA에서 온…… 웅얼웅얼…… 데이비드"라는 사람 옆에 앉게 되리란 것뿐이었다. 그 말을 들은 나는 '세상에, 전미 총포 협회^{National Rifle Association,} NRA라고? 나는 총에 대해선 아무것도 모르는데, 기왕 이렇게 되었으니 어쩔 수 없지'라고 생각했다.

그 즉시 나는 데이비드는 어떤 부류의 사람이고, 정치적 성향은 어떨 것이며, 어떤 주제로 이야기하고 싶어 할지 성급하게 결론을 내렸다.

하지만 그는 나를 놀라게 했다. 데이비드는 내 직업을 물었고, 컨퍼런스에 관해 여담을 나누었으며, 컨퍼런스 책자에서 행사 일정을 찾도록 도와주었다. 'NRA의 데이비드'는 믿을 수 없을 정도로 상냥했고, 우리는 즐거운 대화를 나누었다. 총기에 관한 이야기는 단 한 마디도 나누지 않았다.

몇 개월 뒤, 카페에 앉아 있던 나는 데이비드의 사진이 있는 기사를 우연히 접하게 되었다. 기사를 보자마자 나의 첫 반응은 이랬다. "세상에, 'NRA의 데이비드'가 대체 왜《스포츠 일러스트레이티드Sports Illustrated》에 나온 거지?"

기사 제목은 "데이비드 스턴은 뒤돌아보지 않는다"였다. 그제야 컨퍼런스에서 내가 잘못 들었다는 사실을 깨달았다. 내 옆자리에 앉았던 사람은 지금은 고인이 된 데이비드 스턴이었다. NRA, 그러니까 전미 총포 협회와는 상당히 다른, NBA 총재를 역임한 인물이었다.

당시 나는 대부분이 그러듯 상대를 평가하고 규정지었다. 정치적 성향부터 직업, 문화적 배경, 사회경제적 수준까지 우리가 상대를 규정지으며 붙이는 꼬리표는 많다.

때때로 우리는 자신에게 자발적으로 꼬리표를 달기도 하고, 어떤 때는 반대로 사회가 우리를 규정짓기도 한다. 자발적인 경우,

꼬리표는 우리가 추구해야 할 가치를 가리키는 나침반 역할을 한다. 누군가 다른 사람이 붙이는 꼬리표는 종신형이 될 수 있다.

1930년대, 언어학자 벤저민 워프Benjamin Whorf는 언어 상대성 linguistic relativity 가설을 제안했다. 그는 우리가 보이는 걸 묘사하기 위해 사용하는 단어는 단순히 꼬리표가 아니라, 실제로 우리의 현실과 세계관을 결정한다고 믿었다.

참전 용사 노아 갤러웨이Noah Galloway는 꼬리표의 파괴적인 특성을 누구보다 잘 알고 있다. 이라크에 두 번째 파병을 나간 지 3개월이 지난 어느 날, 갤러웨이가 몰던 군용 지프차 험비Humvee가 도로변 폭탄의 기폭 장치인 철선 위를 지나는 일이 발생했다. 폭탄의 위력은 완벽히 무장된 험비를 공중으로 날려 버리기에 충분했고, 갤러웨이가 탄 차량은 도로 옆 운하로 떨어졌다.

갤러웨이가 병실에서 눈을 떴을 때, 그는 모든 걸 잃었다는 사실을 깨달았다. 폭탄은 그의 왼쪽 팔다리와 군인으로서의 경력을 앗아가 버렸다. 그렇게 갑자기 갤러웨이는 '부상당한 참전 용사'라는 새로운 꼬리표를 붙인 채 앨라배마의 집으로 돌아왔다. 신체적 손상은 누가 봐도 분명했지만, 실제 그를 괴롭힌 건 정신적 상처였다. 그는 깊은 우울증에 빠졌고 무절제하게 술을 마셨다.

"참전 용사로서 자부심을 느끼고 싶습니다. 누구도 우리를 험담하고 싶어 하는 것처럼 보이진 않지만 현실을 들여다보면, 우리에게 붙은 꼬리표 때문에 누구도 우리를 채용하려고 하지 않습니다"라고 그는 내게 말했다. 그는 종종 참전 용사를 망가지고 불안한 사람으로 그려내는 영화에 대해서도 언급했다.

SNS는 문제를 악화시킬 뿐이다. 사람을 변할 수 없는 고정된 캐릭터로 규정짓는다. 해당 부류에 속한 사람들은 모두 통틀어서 '중독자', '인종차별주의자', '사회주의자', '범죄자'로 불린다.

로버트 호지Robert Hoge는 태어날 때부터 '못생긴'이라는 꼬리표가 붙었다. 그가 태어났을 때, 어머니 메리가 의사들에게 했던 첫 질문은 "우리 아기, 괜찮은 거죠?"였다고 한다.

사실 그는 괜찮지 않았다. 메리의 다섯 번째 아이인 호지는 얼굴 정중앙에 종양이 있고 두 다리는 심각하게 짓이겨진 채로 태어났다. 의사들은 메리가 임신 당시 복용한 항우울제가 호지의 선천적 기형을 유발했을 거라고 의심했다.

호지는 삶이라는 기회는 얻었지만, 삶을 이어나가기가 쉽지는 않았다. 그는 유년기 대부분을 병원에서 보내야 했고 의사들은 수술을 거듭하며 종양을 제거하려고 시도했다. 수술 과정은 호지의 얼굴에 심각한 변형을 일으켰다.

학교에서 그는 '이쑤시개 다리', '트랜스포머', '피노키오', '발가락 코', '뭉툭한 놈', '돼지 같은 녀석' 등 무수히 많은 별명으로 불리며 놀림을 당했다.

그러던 어느 날, 호지는 추함, 그 자체도 아름다울 수 있다는 사실을 깨달았다. 이 역설적 사고는 아름다움이 주관적이라는 데 기반을 둔다. 추함이라는 것이 다양한 사람에게 각자 다른 의미가 될 수 있다는 뜻이다.

"나의 못생김은 내 정체성에서 커다란 부분을 차지합니다"라고 호지는 그의 회고록, 『발가락 코 소년』에 썼다. "나의 상처에 관한 이야기를 하며 나를 빼놓고 말하려 한다면, 나는 처음부터 아예 없는 거나 마찬가지입니다."

호지는 우리 모두 하고 있다고 믿고 있는 뭔가를 해냈다. 사회가 우리에게 붙인 꼬리표를 반환하겠다고 나서며 재구성을 시도했다. 호지는 '못생긴'이라는 단어를 가지고 그의 이야기를 들려주는 기회로 활용했다.

호기심 필터로 세상을 바라보기 시작하면, 우리는 꼬리표 따윈 잊고 지나갈 수 있다. 호기심 필터란 목적을 가진 질문과 경청을 통해 관점을 재형성하는 것이다.

호지는 우리가 사람들 간의 차이를 무시함으로써 서로 더 가까워질 수 있는 대화의 기회를 스스로 차단한다고 말했다. 그는 타인과의 대화를 다음과 같은 질문으로 시작했을 때, 생애 최고의 대화를 나눈 적이 여러 번 있었다고 한다. "무례한 질문일지도 모르지만, 당신의 얼굴/코/상처/혹에 관해 물어봐도 될까요?"

"여기서 진정한 핵심은 그런 호기심이 반드시 타인에 대한 평가가 아니라는 걸 이해하는 것입니다"라고 호지는 내게 말했다. "때때로는 그럴 때도 있겠지만, 많은 경우에 호기심은 그저 호기심일 뿐이니까요."

기억하라. **타인의 경험에 대한 호기심 없이 그 사람에게 꼬리표를 붙일 때마다, 여러분은 필터를 씌워서 상대를 바라보는 셈이다.** 여러분의 세상은 더 작고 단순해지며, 현실이 덜 반영된 모습으로 보일 것이다. 소설가 토니 모리슨Tony Morrison은 이런 글을 쓴 적이 있다. **"정의란 정의당하는 사람이 아니라, 정의 내리는 사람에게 속한 것이다."**

• 작가이자 울트라마라톤 선수 케이티 아널드

케이티 아널드Katie Arnold는 꼬리표를 떼어내는 재미있는 기술을 가지고 있다. 바로, 당신의 자아를 놓아버릴 수 있는 활동을 찾는 것이다. 아널드는 사회가 우리에게 부여한 모든 정체성으로부터 자유로워질 수 있는 일을 하는 것이 중요하다고 믿는다. "저는 작가이면서도 러닝을 즐기고, 엄마이면서도 책을 읽는 독자입니다. 저는 아내, 몽상가, 운동선수이자 산과 강, 자연을 사랑하는 사람입니다"라고 그녀는 말한다.

정의란
정의당하는 사람이 아니라,
정의 내리는 사람에게
속한 것이다.

— 토니 모리슨

"때때로 제가 달리면서 힘과 자유를 느낄 때가 있는데, 그때 저는 앞서 말씀드린 그 어떤 모습도 아닙니다. 산이라는 자연과 러닝이라는 행동 속으로 사라지는 거죠. 러닝 그 자체가 되는 겁니다."

아널드에게 러닝이란 그녀의 모든 정체성이자 인생의 짐을 초월할 수 있도록 하는 활동이다. "심지어 더 큰 무엇, 일종의 정신 수양으로 이어지는 게 보입니다. 거기서 더 무한히 뻗어나가는 거죠"라고 그녀는 말한다. 당신의 자아에서 벗어나는 방법은 당신의 모든 집중력과 에너지를 요구하는 활동에 빠져드는 것이다.

• 운동선수 카일 메이너드

카일 메이너드Kyle Maynard를 처음 본 사람은 대부분 그에게 레슬러가 아니라 '장애인'이라는 꼬리표를 붙일 가능성이 있다. 하지만 그는 사실 크로스핏 강사, 헬스장 관장, MMA 선수, 역도 선수이자 산악인이다.

우리의 추측, 평가, 신념은 우리가 색안경을 끼고 세상을 바라보게 해, 유의미한 방법으로 상대를 알아가는 과정을 방해한다. 메이너드는 부정확한 방법으로 사회가 그를 규정지을 거란 사실에 순진하게 대응하지 않는다.

그렇지만 메이너드 같은 사람을 하나의 규정된 상자에 담지 못한다는 데 바로 아름다움이 존재한다. "나는 한 가지로 규정할 수 없는 사람입니다"라고 그는 말한다. "나는 강연자나 작가가 아닙니다. 나는 뭔가 하나로 규정되지 않는 사람이에요. 심지어 사업가도 아닙니다. 저는 어떤 꼬리표가 붙든 신경 쓰지 않아요. 저는 사지가 절단된 사람도 아니고 레슬링 선수든 뭐든 그 누구도 아닙니다."

이 세상에서
내가 나를 제일 모른다

프랜시스 은가누Francis Ngannou는 헤비급 세계 챔피언이다. 종합격투기계에서 그는 '지구에서 가장 나쁜 남자'로 알려져 있는데 거기에는 그럴 만한 이유가 있다. 은가누의 펀치가 지닌 힘은 타의 추종을 불허한다. 은가누는 펀치력 측정에서 12만 9161유닛을 기록해 전 세계에서 가장 강력한 펀치 기록을 보유하고 있다.

"그의 펀치는 96마력에 달합니다. 포드ford의 차량 모델 중, 에스코트Escort가 최대한 빨리 달려올 때 부딪히는 것과 같습니다"라고 UFC 회장인 데이나 화이트Dana White는 말했다. "5킬로그램짜리 대형 해머를 머리 위로 번쩍 들어 온 힘을 다해 내려치는 것보다 강력한 위력입니다."

키가 194센티미터에 몸무게가 116.5킬로그램에 달하는 은가누는 오랜 세월 동안 물리적, 정신적으로 자신만의 강점을 개발해왔다. 어린 시절 카메룬에서 자란 은가누는 상상할 수조차 없는 수준의 빈곤을 견뎌야 했다. 부모님의 이혼으로 그는 어머니와 네 명의 형제자매와 함께 할머니의 방 한 칸짜리 벽돌집으로 이사했다. 은가누의 가족은 은가누가 학교에서 필요한 펜과 종이를 사줄 수 없었고, 점심은 건너뛰어야 해서 굶는 일이 허다했다.

아홉 살 때, 은가누는 일당 1.9달러짜리 채석장 일자리를 구했다. 일하느라 바쁜 와중에도 그는 반드시 미국에 가서 세계적으로 유명한 복싱 선수가 되겠다며 마음도 바쁘게 유지했다. 단순히 어린 시절에 갖는 환상같이 들리겠지만, 은가누는 실제로 꿈이 이루어질 거라고 뼛속 깊이 느꼈다.

그 때문에 은가누의 비전은 그의 가족, 마을의 원로들이 지닌 비전과는 항상 어긋났다. 그에게는 '나쁜 아이'라는 꼬리표가 따라다녔지만 실제로 그는 그저 야망 있는 아이였을 뿐이었다. 미국으로 가겠다는 꿈에 너무도 사로잡혀 있던 나머지 그는 자신에게 '아메리칸 보이'라는 별명을 붙이기까지 했다.

스물두 살이 되던 해, 은가누는 10여 년간 머릿속으로 꿈꿔온 계획을 실행할 준비를 마쳤다. 그는 살던 마을을 떠나, 복싱 세계 챔피언이 되겠다는 꿈을 품고 인근 도시의 체육관을 찾아갔다. "사람들은 제가 미쳤다고 생각했습니다"라고 그는 내게 말했다. "하지만 전 끝까지 강행했죠. 제 안에는 꿈이 있었으니까요. 아주 깊은 꿈."

은가누는 몽상가였지만, 카메룬에서 훈련해서는 세계 챔피언이 될 수 없다는 사실은 현실적으로 받아들였다. 그래서 스물다섯 살이 되자 자신이 가진 모든 물건을 팔고 모로코로 떠났다. 모로코를 시작으로 험난하고도 위험천만한 여정을 거쳐 유럽에 도착했고 마침내 미국에까지 입성했다.

은가누는 4828킬로미터에 달하는 거리를 이동하며 사하라 사막을 횡단했다. 카메룬에서 출발해서 나이지리아로, 나이지리아에서 다시 니제르로, 니제르에서 알제리로 갔다가 드디어 알제리에서 모로코에 도착했다.

모로코에서 스페인으로 가는 데는 14개월이 걸렸는데, 은가누는 당시 경험을 '지옥의 여정'이라 부른다. 사람들이 가득한 뗏목을 타고 모로코 앞바다에 있는 스페인의 한 섬에 가면 적십자에 구조를 요청해 망명을 신청할 수 있었다.

하지만 정부 당국 관계자들은 여섯 차례나 그를 물 밖으로 건져내서, 모로코 사막 한가운데 던져놓거나 모로코의 감옥에 임시로 가두기도 했다.

은가누는 마음을 온전히 집중하며 이 혼란스러운 여정을 견뎌 나갔다. 그리고 몇 번이고 자신에게 이렇게 물었다. "내가 잃을 게 뭐가 있겠는가?" **은가누는 지금의 일시적 고통은 그가 인생의 궤도를 바꾸는 데 꼭 필요한 일이라고 필사적으로 믿었다.**

2013년, 은가누는 스물여섯 살에 드디어 스페인에 도착했고, 이민자 수용소에서 시간을 보낼 때도 터널의 끝에는 빛이 있다고 믿었다. 유럽에 오겠다는 목표를 이뤘으니, 이제는 다음 목표를 향해 가야 할 때였다. 바로 프로 복싱 선수가 되는 꿈이었다.

복싱 체육관을 검색하던 그는 파리까지 흘러가 어느 지붕 덮인 주차장 계단에서 잠을 자며 생활했다. "14개월 동안 지옥을 겪다가 왔더니, 제게는 그 주차장이 5성급 호텔과 같았습니다. 궁전이나 다름없었죠"라고 은가누는 말했다.

마침내 체육관을 찾은 은가누는 디디에 카몬트Didier Carmont 코치의 눈에 띄게 되는데, 카몬트 코치는 그에게 프로 복싱을 시도하기 전에 생계를 위한 수단으로 종합격투기인 MMA를 해보라고 제안했다.

은가누는 MMA는 들어본 적도 없었고, 그의 열정은 오직 복싱을 향해 있었다. 하지만 마치 운명처럼, 은가누가 다니던 복싱 체육관이 두 달 뒤 문을 닫았고 은가누는 몸을 단련하기 위해 MMA 팩토리라는 이름의 다른 체육관에 합류하게 되었다.

그 뒤 은가누의 인생은 그야말로 역사 그 자체라 할 수 있다. 2015년, 은가누는 이종격투기 대회인 UFC와 계약을 맺어 미국으로 건너갔고, 몇 년 전만 해도 존재조차 몰랐던 스포츠의 헤비급 세계 챔피언으로 등극했다.

은가누의 숨은 천재성 중 일부는 자기가 누군지 알기 위해선 먼저 자기답지 않은 모습이 무엇인지 알아야 한다는 유년기의 깨달음이다. 카메룬에서 은가누의 아버지는 난폭한 길거리 싸움꾼에 폭력적인 남편으로 여겨지며 평판이 아주 나빴다.

"지구에서 제 인생에 가장 지대한 영향을 미치고 마인드를 바꾼 사람이 있다면 그건 바로 아버지입니다"라고 은가누는 말한다. "인생에서 최고의 교육은 아버지로부터 받았습니다. **내게 무엇을 해야 할지 보여준 것이 아니라 무엇을 하지 말아야 할지 보여줬기 때문입니다.**"

아버지와는 다르게 살기로 맹세하면서 은가누는 이상적인 자기 모습을 구현했다. 그는 프로 운동선수가 되길 원하는 자신을 알고 있었기에 프로 운동선수처럼 행동했다. 그는 말한다. "카메룬 사람들은 맥주를 엄청나게 마십니다. 엄청나게. 하지만 전 복싱 선수가 되고자 하는 꿈이 있었기 때문에, 체육관에 가보지도 못했을 때부터 스스로 절제력을 갖춘 준비된 모습이 되고자 했습니다."

은가누는 음주와 흡연은 한 번도 시도하지 않았다. 프로 운동선수라는 이상적인 자기 모습을 머릿속에 그리고 있었기 때문이다. 제임스 클리어가 말하듯, "진정한 행동의 변화는 자아의 변화를 가져온다." 여러분의 믿음은 궁극적으로 여러분이 원하는 모습이 될 시발점이다.

그리고 마지막으로 은가누가 한 일은, 모든 성공한 사람이 한 것과 같은 일이다. **바로, 자기 자신에게 베팅하기다.** 은가누는 개인의 자유를 소중히 여기는 사람으로서, 행동으로 자신의 소신을 증명했다. 그는 UFC 계약이 공정하지 않다고 믿으며, UFC 챔피언 타이틀이 자신을 정의하지 않는다고 목소리를 높여왔다. 그렇다면 무엇이 진정으로 그를 정의하는지 묻자, 그는 내게 말했다.

"저는 자신에게 베팅하는 DNA가 있다고 생각합니다. 제 인생 이야기를 살펴보면, 자신에게 베팅하는 삶이었단 걸 알 수 있을 겁니다. 흔히 이런 말들을 하는 걸 많이 들었을 겁니다. '때때로 더 멀리 뛰려면 한 걸음 뒤로 물러나야 한다.' 때로는 다시 시작해야 하는 순간이 있다는 걸 알고 있습니다. 하지만 그러기가 쉽진 않죠. 아주 재능 있는 사람들조차 그럴 배짱이 없는 경우가 많습니다. 다시 시작할 용기는 없는 겁니다. 바로 여기서 사람들 사이에 큰 차이가 생긴다고 봅니다." 은가누는 말을 이었다. "사람들은 다시 시작하는 걸 두려워합니다. 이미 가지고 있는 걸 잃는 건 두려운 일이거든요."

험난하고 예측 불가능한 삶을 살면서 은가누는 한 가지를 배웠다. **그는 자신에게 실패를 허락했다. 궤도를 수정하는 데 필요한 능력이 자신에게 있단 걸 알았기 때문이다.**

"만약 제가 실패한다면 저는 몇 번이고 다시 시작할 수 있단 걸 알고 있습니다. 제게는 그런 능력이 있고, 누군가 제게서 모든 걸 빼앗아 가더라도 그 능력만큼은 가져갈 수 없죠."

간단하고 쉬워 보이지만, 은가누가 해온 일을 할 수 있는 용기를 지닌 사람은 소수에 불과하다. 우리는 어느 정도 수준의 성공을 이루면, 마음이 편안해지면서 안주하게 된다. 우리의 정체성은 직장, 인간관계, 물질적 소유 등으로 포장되어 있지만, 이는 모두 다 잃을 수 있는 것이다. 시간이 지날수록 우리는 자신을 덜 신뢰하고, 우리의 운명을 다른 사람들의 손에 맡긴다.

이러한 태도가 바로 우리 자신의 숨은 천재성이 드러나지 못하도록 하는 방해물이다. **우리는 자신에게 베팅하는 걸 두려워한다.**

- **배우 매슈 매코너헤이**

매슈 매코너헤이Matthew McConaughey는 당신이 누구인지 발견하려면 '자아 제거 다이어트'를 하라고 제안한다. 진정한 자아를

만약 제가 실패한다면
저는 몇 번이고
다시 시작할 수 있단 걸
알고 있습니다.
제게는 그런 능력이 있고,
누군가 제게서
모든 걸 빼앗아 가더라도
그 능력만큼은
가져갈 수 없죠.

— 프랜시스 은가누

발견하는 첫걸음은 제거의 과정이라고 그는 말한다.

"먼저 당신의 존재를 제거하면 당신이 어디에 존재해야 하는지 스스로 발견할 수 있을 것입니다."

끊임없이 험담하는 사람들과 어울리는가? 이튿날 아침을 최악의 숙취와 함께 시작하도록 하는 술집에 계속 가고 있는가? 그런 사람들과 장소가 당신을 최악의 모습이 되도록 한다면, 시간과 에너지를 그런 곳에 낭비하지 마라.

매코너헤이는 말한다. "과도한 행동, 시간 낭비는 제거하세요. 선택지를 줄이세요. 이런 제거의 과정을 거치면 거의 우연에 가깝게 혹은 자연스러운 방식으로 당신 앞에 중요한 것이 놓여 있단 걸 발견하게 될 겁니다."

· 컨트리 뮤직의 전설 돌리 파튼

1970년대, 돌리 파튼Dolly Parton의 곡 〈난 언제나 당신을 사랑하겠어〉를 엘비스 프레슬리Elvis Presley가 녹음하고 싶어 했다. 그의 매니저 콜로넬 톰 파커Colonel Tom Parker는 파튼에게 판권의 절반을 요구했다.

파튼은 거절했고, 자신은 스스로 자신의 가치를 포기할 사람이 아니란 걸 알았기에 거절 의사를 번복하지 않았다. "저는 당시 그 문제가 여자와 남자 사이의 문제라고 생각한 적이 절대 없습니다. 아티스트이자 작사가, 강한 의지를 지닌 사람이 되는 문제라고 생각했죠"라고 그녀는 말했다.

상대가 엘비스라 할지언정 파튼은 이 경계를 허물 생각이 없었다. "거절했을 땐 마음이 아팠지만, 잘못한 일을 후회하며 평생을 사는 것보단, 잠깐의 실망과 아픔을 참는 게 낫다고 생각했어요."

근본적인 가치를 세우고 나면 어떤 어려운 상황에서도 그 가치를 무너뜨릴 유혹을 느껴선 안 된다. 자신에게 한 약속은 그 어떤 기회보다도 중요하기 때문이다.

3

자신에게
베팅하라

나의 가장 큰 불만 사항 리스트의 제일 위에는 "당신의 5개년 계획은 무엇입니까?"라는 질문이 있다. 나쁜 질문이어서도, 악의적인 곳에서 나온 질문이어서도 아니다. 정확히 어떻게 5개년 계획을 세울 수 있는지 밝혀진 적이 없기 때문이다. 적어도 내게는 말이다.

대학교 1학년 때, 나의 5개년 계획에는 풀타임 취재기자 자리를 얻어 졸업하는 일이 포함되어 있었다. 저널리즘 학위를 받았지만, 풀타임 제안은 단 하나도 받지 못한 나는 결국 본가로 돌아와 어머니와 함께 1년을 살았다.

뉴욕으로 이사했을 때 나의 5개년 계획은 언론 쪽에서 안정적인 일자리를(언론계에서는 안정적 일자리라는 말 자체가 모순적이라고 모두 입을 모았다) 얻는 것이었다. 흠, 사실 일자리 문제는 꽤 잘 풀렸는데, 일단 목표에 다다르고 나니 뭔가 다른 걸 하고 싶단 사실을 깨달았다.

결국 2020년의 나는 내 회사인 '더 프로필'에 풀타임으로 전념하기 위해 《포춘Fortune》의 기자라는 안락한 자리를 버리겠다는 굳은 결심을 했다. 말할 필요도 없이, 전 세계 코로나19 팬데믹 상황과 경제 위기 상황의 한가운데서 집에 격리된 채로 뉴스레터를 쓰는 건 나의 5개년, 5개월, 심지어 5일 계획에도 없던 일이었다.

하지만 이 모든 혼돈과 불확실성 속에서도, 나는 여전히 내 결정이 옳았다고 자신했다. 왜 그랬을까? 세계에서 가장 특별한 사람들을 수년간 연구한 결과, 개인의 성공과 직업적 성공의 비결을 터득했기 때문이었다.

여러분의 정체성과 자신의 이름을 연결 짓는 그 순간, 여러분은 가장 강력해진다. 대체 이게 무슨 소리일까? 사고실험을 하나 진행해 보자. 누군가 "그럼, 직업이 뭐예요?"라고 질문하면, 아마 여러분은 자신의 가장 인상적인 정체성을 내세우며 대답할 것이다. 많은 사람의 경우, 자신의 직업을 말한다. 5년 동안 나의 주된 정체성은 '작가이자《포춘》에서 에디터로 일하는 폴리나 마리노바'였다.

하지만 그 정체성은 내 권한 밖의 것이었다. 회사에서 해고당하기라도 한다면, 내 모든 자아 가치를 잃을 위험이 있었다. 그리고 그 자아 가치를 잃는 건 곧 심리학적 재앙으로 이어지는 길이었다.

스스로를 위해 한 일 중 가장 훌륭한 일은 바로 2017년 '더 프로필'을 쓰기 시작한 것이다. '더 프로필'을 통해 나는 또 다른 정체성을 부여받았고 진정한 내가 될 수 있었다. 궁극적으로 되고싶은 내 모습을 선택하라고 한다면 결국 바로 이 모습을 택할 것이다.

많은 사람이 내게 물었다. "그런 평범하지 않은 행동을 한 건 어디서 자극을 받아서인가요? 직장을 그만두겠다는 결정은 어떻게 내릴 수 있었나요?" 내가 생각했던(지나치게 많이 생각했던) 요인은 많지만, 결국 나는 언제나 1999년 애너 퀸들런Anna Quindlen이 했던 어느 졸업식 연설을 떠올린다.

"여러분의 친구들이 기대하는 것, 부모님이 요구하는 것, 지인들이 요구하는 것은 한쪽으로 치워두세요. 우리 문화가 광고, 엔터테인먼트, 경멸, 반감을 통해 당신에게 어떻게 행동할지 강요하는 메시지 역시 옆으로 치워버려요. 여성은 양육자, 남성은 리더라는 고리타분한 개념도 옆으로 버려두세요. 여성은 슈퍼우먼이고 남성은 억압자라는 새로운 개념도요.

그리고 그 무엇보다도 가장 두려운 상태, 백지상태에서 시작합니다. 매일 당신이 어떤 선택을 하는지 살펴보고, 왜 그런 선택을 하는지 스스로 질문하고 나서 이렇게 대답합니다. "나를 위해, 나 자신을 위해서 그것이 바로 내 모습이며 내가 의도하는 바여서." 라고요.

당신이 스물한 살이건 쉰한 살이건 관계없이 이건 언제나 힘든 일이 될 겁니다. 저는 경험을 통해 잘 알고 있습니다. 전업주부가 되기 위해 《뉴욕 타임스New York Times》를 그만뒀을 때, 사람들은 머리가 어떻게 된 거 아니냐고 했습니다. 전업 소설가가 되기 위해 또다시 그만두자, 사람들은 다시 한번 제가 미쳤다고 생각했죠.

하지만 저는 지극히 정상입니다. 전 행복합니다. 제 기준에서 전 성공한 사람이에요. 세상에 보여주기엔 그럴듯하지만, 당신의 기준에선 성공하지 않았고 마음속으론 행복하지 않다면 그건 결코 성공한 게 아닙니다. 릴리 톰린Lily Tomlin의 말을 기억하십시오. **'치열한 개미들 사이의 경쟁에서 이겨봤자, 당신은 여전히 개미다.'**"

사라 블레이클리Sara Blakely가 팬티스타킹의 발 부분을 자르지

세상에 보여주기엔 그럴듯하지만,
당신의 기준에선 성공하지 않았고
마음속으론 행복하지 않다면
그건 결코 성공한 게 아닙니다.

릴리 톰린의 말을 기억하십시오.
‘치열한 개미들 사이의
경쟁에서 이겨봤자,
당신은 여전히 개미다’.

— 애너 퀸들런

않았더라면 그녀는 스팽스spanx를 1조 원 가치의 기업으로 키우지 못했을 것이다. 브랜던 스탠턴Brandon Stanton이 금융계 회사에서 잘린 뒤 카메라를 집어 들지 않았더라면 '휴먼스 오브 뉴욕Humans of New York'에서 매일 수백만 명이 감명받지 못했을 것이다. 만약 내가 2017년 소소한 이메일 뉴스레터 발송을 시작하지 않았다면, 여러분은 지금 이 책을 읽고 있지 못했을 것이다.

기억하라. 여러분 자신에게 베팅하기에 나쁜 시기는 없다. 뉴스레터, 열정적인 프로젝트, 새로운 모험 등 당신의 정체성과 당신에게 진정으로 중요한 뭔가를 연결하는 일, 당신 자신의 이름을 찾도록 하는 일을 시작하라. 무엇도 이보다 자유로울 순 없다.

비욘세는 이렇게 말했다. **"난 도박을 좋아하지 않지만, 내가 기꺼이 베팅할 단 한 가지가 있다면 그건 바로 나 자신이다."**

- ### 우주비행사 프랭클린 창 디아즈

프랭클린 창 디아즈Franklin Chang Diaz는 연구자에서 우주비행사, 그리고 기업가까지 성공적인 전환을 이룬 인물이다. 그가 NASA에 합류했을 당시, 사람들은 과학자나 우주비행사 둘 중 하나인 경우가 많았고 두 역할을 모두 하는 경우는 드물었다. "우주비행사는 군인에 가까웠고, 로켓 과학자들은 로켓을 설계

할 뿐 절대 비행하지는 않았습니다. 그렇게 분리된 상황이 저의 NASA 생활에서 장애물이 되었죠"라고 그는 말한다. "처음 시작했을 때, 과학자가 되면 비행할 가능성이 적어진다는 게 명백했습니다. 하지만 그건 제가 보기엔 옳지 않았습니다. 전 과학자이자 동시에 우주비행사로 남을 수 있도록 계속 노력했고 결국엔 제가 승리했습니다."

창 디아즈는 과학자로 일하면서도 그의 동료 중 누구보다도 비행에 많이 참여했다. 그는 보기에 모순적인 자격과 성격적인 특성이 상호 보완적일 수 있다는 점을 강조하라고 말한다. 자신에게 베팅할 때, 여러분은 기본적으로 인생에서 한 가지 이상의 무언가가 될 수 있다는 사실을 이해하고 있는 셈이다.

숨은 재능을 발굴하는 일상의 실천

- 자기 정체성의 창조주가 되는 것은 가능하다. 오늘의 당신이 반드시 내일의 당신일 필요는 없다.

- 눈에 보이는 걸 묘사하기 위해 사용하는 단어는 단순한 꼬리표가 아니다. 그 단어들이 결국 우리의 현실과 세계관을 결정한다.

- 누군가에게 꼬리표를 붙일 때마다, 여러분은 그들을 상자 안에 넣고, 필터를 통해 바라보게 된다. 여러분의 세상은 더 작고 단순하며, 현실이 덜 반영된 모습이 될 것이다. 자신이 누군지 알기 위해선 먼저 자기답지 않은 모습이 무엇인지 알아야 한다.

- 원하는 자신의 버전을 구현하라. 이미 그런 사람이 된 것처럼 행동하라. 믿음이 있다면 그렇게 될 것이다.

- 성공한 사람들은 모두 자신에게 베팅한다. 자신에 대한 베팅을 시작하기에 좋지 않은 때란 없다. 정체성과 진정으로 중요한 뭔가를 연결하는 일, 자신의 이름을 찾도록 하는 일을 만들어라. 무엇도 이보다 자유로울 수도, 강력할 수도 없다.

- 자신에게 질문하라. 내가 꿈꾸는 인생을 사는 사람은 누구인가? 그 사람을 찾은 다음, 그들의 젊은 시절을 연구하고 오늘날 그들이 어떻게 그 위치에 도달할 수 있었는지 알아보라.

리더로서 직원들을 지원하고 프로세스를 완벽하게 갖출 수 있다면 좋을 것이다. 하지만 누구도 할 수 없는 큰 의사 결정은 어떻게 해야 할까? 인생에서 중대한 결정을 내리는 일이라면? 이럴 때 세계적으로 성공한 인물들은 이미 과거로부터 확실하다고 증명된 방식을 취해왔다. 이어질 다음 장에서 살펴보도록 하자.

3장

두근거리며 빅웨이브에 올라타면
그제야 보이는 것

개럿 맥너마라Garrett McNamara가 타는 것은 파도가 아니다. 그것은 바다 괴물이다. 프로 빅 웨이브 서퍼인 개럿 맥너마라는 당시 가장 큰 파도인 23.7미터의 파도를 타서 기네스 세계 기록 보유자가 되기도 했다. 그 정도로 큰 파도를 타면 어떤 기분일까?

"거대한 파도를 타는 느낌을 가장 잘 비유하자면, 쏟아져 내리는 눈사태에 쫓기리라 다짐하면서 의도적으로 다가가는 느낌입니다. 최대한 눈사태에 가까이 붙어 있으면서 한편으론 눈사태가 날 집어삼켰으면 했다가 어떻게든 탈출할 때 드는 기분이죠." 맥너마라는 이렇게 설명한다.

맥너마라가 파도를 타기 전 치르는 준비 과정은 마치 종교 의식과도 같다. 파도를 타러 나가기 전, 그는 강도 높은 호흡 훈련을 통해 몸에 산소를 공급한다. 혹시 모를 파도에 대비해 물속에서 장시간 버틸 수 있도록 하는 것이다.

"성공을 위해서는 계획과 실행도 중요하지만, 이와 동시에 위험을 잘 다루는 리스크 전문가risk technician가 되어야 합니다. 잘못될 모든 경우의 수를 떠올려 해결책을 찾아내야 합니다."

불확실성은 우리 일상에도, 심지어 위험이 존재하리라 생각지도 못한 공간에도 도사리고 있다. '리스크 전문가'처럼 인생에 접근해 우리의 모든 선택을 평가하고 불확실성을 낮추고자 한다면, 전반적으로 더 나은 의사 결정을 내리는 사람이 될 수 있다.

인생에 존재하는 불확실성과 혼돈을 이겨내고 나아가는 방법에 대해 숙련된 리스크 완화 전문가로부터 배울 수 있는 점은 무엇일까?

자기신뢰의 제1법칙, 능력

알렉세이 몰차노프^{Alexey Molchanov}는 바다에서 프리다이빙으로 한 번에 5분 가까이 숨을 참고 수심 131미터 깊이(건물 약 43층 높이)까지 내려갈 수 있다. 다이빙하는 동안, 우주를 향해 발사되는 로켓 속 우주비행사가 받는 중력보다 더 큰 압력이 그의 신체에 가해진다.

몰차노프는 지구에서 가장 뛰어난 프리다이버로 불린다. 그는 종종 (숨을 쉬려는) 신체의 무의식적 충동을 이겨내고, 누구도 기절하거나 더 심한 일을 겪지 않고는 도달할 수 없는 한계마저 뛰어넘는다.

"저는 새로운 한계를 찾아 밀어붙이는 걸 즐깁니다. 제가 해낼 수

있단 걸 알기 때문이죠"라고 몰차노프는 말한다. "제가 가진 기술, 신체, 능력, 그리고 환경을 믿습니다. 이 요소들이 복합적으로 작용하는 덕분에 기록을 경신할 수 있었습니다."

그가 보유한 기록의 개수만 해도 상당하다. 몰차노프는 총 스물네개의 세계 기록을 세웠으며 월드 챔피언십 대회에서 개인전과 단체전을 합쳐 딴 메달 개수만 해도 금, 은, 동메달을 모두 더해 스물다섯개 이상이다.

프리다이빙은 정신과 신체를 모두 통제하는 능력을 요구하는 스포츠다. 몰차노프에게 프리다이빙이란 마치 나는 것같은 느낌이다. "끊임없이 자신을 수양하는 과정이 필요하기에, 저는 프리다이빙을 사랑합니다. 그 과정에서 자신의 두려움을 다루는 법, 긴장을 완화하는 법을 배웁니다"라고 몰차노프는 말한다. 일 년 내내 훈련을 유지하는 그의 성실한 준비 과정은 결코 멈추는 법이 없다.

몰차노프는 스포츠와 인생에서 모든 준비의 근간은 훈련이라고 믿는다. 훈련은 능력이 형성되기 전 단계의 과정이다. 일단 역량을 갖추게 되면 자신감은 저절로 따라온다.

그렇다면 정확히 어떻게 극심한 스트레스 상황에서도 긴장하지 않는 달인이 될 수 있을까? 모순적으로 들리겠지만, 몰차노프는 긴장 완화란 끊임없는 훈련을 통해 습득할 수 있는 기술이라고 말한다.

몰차노프는 다이빙은 물론 중요한 직장 발표 등 스트레스를 받는 상황에 대비해 능력을 향상하는 세 단계에 걸친 간단한 과정을 설명한다.

먼저, 호흡은 우리가 침착한 상태인지 스트레스를 받은 상태인지 알 수 있는 지표다. 몰차노프는 호흡 패턴을 관찰할 것을 추천한다. 부드럽고 깊은 호흡을 하고 있는지, 얕고 공포에 질린 호흡을 하고 있는지 알 수 있다.

둘째, 어떤 문제를 생사가 달린 상황처럼 인식하고 해결하려고 하면 불안 수준이 높아진다. 대신, 몰차노프는 반드시 시달려야할 문제라고 생각하기보단 기꺼이 극복할 도전 과제로 바라보도록 관점을 전환할 것을 권한다. "과정을 통과하면서 그 속에서 즐거움을 느끼려고 해보십시오"라고 몰차노프는 말한다.

셋째, 한 번에 한 가지 일에만 집중하라. 여러 과제가 복잡하게 얽힌 거대한 문제로 바라보지 말고, 스스로 다음과 같은 질문을 하면 침착함을 찾을 수 있다. "다음으로 내가 집중해서 완수할 수 있는 단 하나의 임무는 무엇일까?"

능력과 침착함은 한 번에 한 호흡으로 만들어지며 이는 비단 프리다이빙에만 국한된 이야기가 아니다. 우주비행사 크리스 해드필드Chris Hadfield는 궤도를 돌고 있는 국제 우주 정거장ISS을 오직 한 손으로 잡고 우주를 유영하는 동안 일시적으로 눈이 보이지 않는 상황을 겪었다.

해드필드는 자신의 왼쪽 눈이 고통으로 질끈 감기는 것을 느꼈지만, 그 이유는 알 수 없었다. 우주복 헬멧 안으로 손을 넣을 수 없기에 당연히 눈을 비빌 수도 없었다. 알고 보니 그의 눈에 들어간 것은 기름과 비누를 섞은 액체였는데, 우주비행사들이 헬멧 안쪽에 김이 서리는 것을 방지하기 위해 쓰는 물질이었다.

그는 눈물이 났지만, 중력이 없는 상태에서 눈물은 눈에 붙은 무겁고 거대한 수분 덩어리가 될 뿐이었다. 덩어리는 점점 커져서 나머지 반대쪽 눈까지 흘러 들어갔고 결국 그는 우주선 밖에 나가 있는 상황에서 눈앞이 보이지 않게 되었다.

공포에 질리는 대신, 해드필드는 이성을 유지하며 상황을 통제하고 선택 가능한 행동들을 고려했다. 휴스턴(미국의 휴스턴을 의미하며 유인 우주 비행 관제 센터가 소재한 도시 – 옮긴이)에 연락하거나, 동료 우주비행사 스콧 파라진스키Scott Parazynski에게 무중력 상태가 된 대원으로서 구조를 받거나, 잠깐 울어서 눈물을 낸 다음 눈 속의 이물질을 희석하는 것, 이 세 가지 선택지가 떠올랐다.

결국 그는 헬멧 옆의 환기구를 열어 공기를 일부 내보냄으로써 눈 속에 들어 있던 이물질을 깨끗이 말려버릴 수 있었다. 상황을 해결한 뒤, 그는 작업을 이어갔다.

해드필드의 이런 행동은 우주비행사 훈련 당시 배웠던 다음과 같은 교훈이 있었기에 가능했다. 가상의 시나리오를 통해 최악의 사태에 대비하라. 재난에 대비한 최종 리허설이라고 생각하라.

"암울한 가상 시나리오를 날이면 날마다 연습하면 우울증에 걸리기 딱 좋을 것같이 들리지만, 오히려 이상하게도 기분이 좋아집니다"라고 해드필드는 말한다.

정교했던 비상 대책과 문제 해결 능력 덕분에 해드필드는 화려한 경력을 이어갔다. 잭나이프로 우주 정거장을 열고 들어가는 데에도 성공했고, 우주선을 조종하면서 살아 있는 뱀을 처리했으며, 국제 우주 정거장의 암모니아 누출 사고 당시 수리 방법을 찾아내기도 했다.

"실행에 옮기는 대범함과 두려움을 극복하는 능력이 필요합니다"라고 해드필드는 말한다. **"두려움은 준비가 부족해서 생기는 증상에 불과합니다. 두려움에 가장 효과적인 해독제는 바로 자신이 갖추고 있는 능력입니다."**

예를 들어, 처음 자전거 타는 법을 배울 때는 부딪히거나 다칠 수 있기에 두려움을 느낀다. 그러다가 자전거를 더 잘 타게 되고 자신감이 생기면 자전거를 두려워하는 것 자체가 우스운 일로 여겨진다. 하지만 **자전거 그 자체는 변하지 않았다. 항상 그렇듯 위험한 상태로 남아 있다. 변한 건 바로 자신이다. 능력은 자신감을**

암울한
가상 시나리오를 날이면
날마다 연습하면
우울증에 걸리기
딱 좋을 것같이 들리지만,
오히려 이상하게도
기분이 좋아집니다.

— 크리스 해드필드

키워준다.

"무서운 상황이란 없습니다. 우리가 겁을 먹을 뿐이죠"라고 해드필드는 말한다.

그는 어떤 두려움이든 궁극적인 해독제는 바로 자신의 능력 수준을 끌어올리는 것이라고 강조한다. "진정한 능력은 어려운 상황 속에서도 침착하게 판단하고, 끈기 있게 해결책을 찾아내는 능력"이란 사실을 기억하라는 것이다.

· 포뮬러 1 챔피언 루이스 해밀턴

루이스 해밀턴Lewis Hamilton은 포뮬러 1 진출 기회를 돈으로 사지 않았다. 자신의 노력과 능력으로 정정당당하게 기회를 얻었다. 동료들과 달리 넉넉하지 못한 집안 출신의 해밀턴은 원격조종 자동차로 레이싱 경력을 시작했다. 겨우 여섯 살 때, 해밀턴은 원격조종 자동차 경주에서 생애 첫 트로피 두 개를 따냈다.

원격조종 자동차 경주는 작은 경주용 자동차인 고카트 경주로 이어졌고, 이는 해밀턴이 포뮬러 1으로 진출하는 초석이 되었다. 그는 빠르고 재능 있는 레이서이자 승부사였다. 해밀턴은 열세 살 때 맥라렌 영 드라이버 프로그램McLaren young driver program에 합류했고, 스물두 살이 되던 해부터 F1팀에서 공식적으로 후원을 받았다. 맥라렌에서 6년을 보낸 뒤, 해밀턴은 2013년 메르세데스에 합류한다.

오늘날까지도 해밀턴은 포뮬러 1의 최초이자 유일한 흑인 선수다. "아버지와 저는 골프 선수 타이거 우즈^{Tiger Woods}처럼 틀을 깬 사람들을 보면서 감탄했습니다. 테니스 선수인 윌리엄스^{Williams} 자매도 마찬가지고요"라고 해밀턴은《월 스트리트 저널》과의 인터뷰에서 말했다. "'와, 우리가 저런 일을 할 수 있다면 이 업계가 앞으로 나아가는 데 분명 도움이 될 텐데' 같은 말을 주고받곤 했죠."

타이거 우즈나 윌리엄스 자매처럼 해밀턴 역시 강압적이면서도 꼼꼼한 성향의 아버지가 이끌어서 성공한 사례다. 해밀턴의 아버지인 앤서니는 고카트 경주 트랙에서 가장 빠른 선수를 연구한 뒤 해밀턴에게 정확히 언제 브레이크를 밟아야 하는지 알려주었다. 해밀턴은 공격적인 운전 스타일과 경쟁 선수들보다 훨씬 늦게(그리고 훨씬 세게) 브레이크를 밟는 스타일로 이름을 알렸다.

해밀턴은 자신을 자동차 경주 운전자가 아니라 기술을 연마하는 예술가라고 생각하며 능력을 쌓아갔다. 이를 일컬어 해밀턴은 "걸작을 창조한다"라고 부른다. 그가 생각하는 능력 개발의 체계는 다음과 같다.

"기술을 마스터하기까지는 오랜 시간이 걸립니다. 완벽히 터득했다는 느낌이 들지만, 여전히 배울 게 존재합니다. 추가로 배울 내용이 아직 남아 있는 거죠. 맞춰야 할 퍼즐 조각이 더 있는 겁니다. 기술을 익혀가는 과정에서 더 많은 부침이 있겠지만, 적어도 지금 이 순간에는 제가 그 부침들에 대처할 수 있는 최고의 도구를 지녔다고 생각합니다."

걸작을 창조한다는 마음가짐은 언제나 해야 할 일이 있고, 구부러진 부분을 똑바로 펴야 하며, 배워야 할 교훈이 있다는 의미다.

· **산악인 님스 푸르자**

님스 푸르자^{Nims Purja}는 열네 개 '죽음의 지역(해발 8000미터 이상으로 산소량이 인간의 생명을 유지하기에 이론적으로 부족해지기 시작하는 고도이기에 죽음의 지역이라 불린다 – 옮긴이)' 봉우리를 모두 정복한 산악인이다. 이전까지 열네 좌를 등반한 최단 기록은 8년이었으나, 푸르자는 6개월 6일 만에 열네 좌를 정복했다. 열네 좌 원정에서 푸르자가 배운 한 가지 교훈은 바로 이것이다.

"산에서는 어느 것도 계획대로 흘러가지 않는다."

어느 한 원정에서 그는 해발 8450미터에서 산소가 떨어져 가고 있는 산악인을 마주쳤다. 푸르자는 자기 산소를 그에게 나눠주며 하산을 도왔다.

"해발 8450미터에 적응되지 않은 상태에서 산소 없이 구조 활동을 한다는 건 자살 행위입니다. 하지만 우리 몸이 해낼 수 있단 걸 우린 알고 있었죠"라고 그는 말한다.

그렇다면 대비할 수조차 없는 상황에는 어떻게 대처할까? 수년에 걸친 훈련이 중요한 바로 그 순간에 대처할 수 있도록 한다. 먼저, 그런 엄청난 노력을 감행하기 전에 자신의 신체적, 정신적 능력이 어느 정도 수준인지 인지해야 한다.

"제가 가장 중요하게 생각하는 건 바로 자신의 신체 능력과 한계, 자신이 할 수 있는 일과 할 수 없는 일을 알고 있는 것입니다" 라고 푸르자는 말한다. "바로 그 상태를 기준점으로 삼아서 시작하면 됩니다. 저는 어릴 때부터 산을 타진 않았습니다. 당시는 이 분야에 발을 들인지 4~5년밖에 되지 않았을 때였죠. 지금도 저는 여전히 제 신체 능력에 대해 많은 걸 발견하고 있습니다. 그것이 바로 제가 시간과 노력을 투자했던 부분입니다."

위험은 계산할 수 있다,
준비한다면

우크라이나, 아프가니스탄, 이라크, 다르푸르, 리비아, 시리아, 레바논, 남수단, 소말리아, 콩고. 지난 20년간, 종군 사진기자 린지 아다리오Lynsey Addario는 지구의 모든 주요 분쟁과 인도주의적 위기 사태를 취재하며 카메라 렌즈를 통해 파괴와 고통의 순간을 포착했다.

아다리오는 구사일생으로 구출된 경험이 무수히도 많은 사람이다. 리비아에서는 납치, 이라크에서는 유괴, 파키스탄에서는 자동차 사고까지 겪었다. 하지만 아다리오는 절대 카메라를 내려놓지 않았다. 심지어 극도로 위험한 순간에 직면한 상황에서도 그랬다.

어쩌면 그녀의 직업에서 가장 핵심은 위험을 적절히 평가하는 법을 배우는 일일 것이다. 특히 아다리오와 같은 직업을 가진 사람이라면, 위험을 잘못 계산했다간 그 결과가 치명적일 수 있기 때문이다.

매일(그리고 때때로 매시간), 아다리오는 자신이 말하고자 하는 이야기의 중요성과 그 이야기가 초래할 위험 사이에서 저울질을 해야 한다. 그녀는 지난 수년간의 경험을 통해, 위험을 잘못 계산하면 자신의 생사가 뒤바뀔 수 있다는 사실을 알고 있다.

아다리오와 그녀의 동료 셋이 2011년 리비아 폭동을 취재하고 있을 당시, 혁명으로 시작했던 폭동이 전쟁으로 번졌다. 저널리스트들은 차를 타고 아지다비야로 이동해서, 카다피 군부의 군대가 가까워질수록 민간인들이 도망가는 최전방의 모습을 좇으려 애썼다. 당시 그들의 운전사였던 무함마드는 기자들에게 사태의 심각성에 대해 경고하며 철수할 것을 강력히 권고했지만, 누구도 그 말을 듣지 않았다.

결국 그들이 탄 차는 군 검문소에서 제지당했고, 아다리오와 동료들은 눈이 가려진 채로 납치당했다. 그들의 운전사였던 무함마드는 제때 도시를 떠나려 하지 않았던 기자들의 결정 때문에 죽임을 당했을 것이다.

"그 뒤로 다시는 무함마드를 보지 못했습니다"라고 아다리오가 내게 말했다. "그 검문소에서 명을 달리했을 겁니다. 처형당했거나 십자포화를 맞았겠죠. 무함마드의 죽음은 우리 잘못입니다. 온전히 저희가 잘못 계산했기 때문에 일어난 일입니다."

계산된 위험 감수와 무모한 위험 감수 사이에는 차이가 있다. 전자는 제한된 정보로도 좋은 결정을 내리지만, 후자는 타당한 근거 없이 앞뒤 가리지 않고 하는 행동이다. 이 둘을 구분하기 위해 우리가 사용할 수 있는 실용적인 체계가 존재할까?

보스턴 비어 컴퍼니Boston Beer Company의 공동창립자 짐 코흐Jim Koch는 '맥주업계의 스티브 잡스', '우리 시대 가장 기민하게 성공한 기업가 중 한 명'으로 불리는 인물이다.

1984년 코흐는 커다란 모험을 감행했다. 보스턴 컨설팅 그룹Boston Consulting Group에서 안정적으로 연봉 3억 이상은 너끈히 벌 수 있던 자리를 박차고 나와, 다락에서 발견한 고조할아버지의 맥주 레시피를 가지고 자신만의 양조장을 시작한 것이다.

코흐가 BCG에서 지루한 업무에 숨이 막히는 듯한 갑갑함을 느꼈을 때, 그에게는 선택지가 있었다. BCG에서 안정된 지위에 머무를 것인가 아니면 돈도 경험도 없이 맥주 회사를 시작할 것인가? 코흐는 잘못된 결정을 내렸을 때 일어날 일을 상상하며 겁에 질렸다.

그래서 그는 두 가지 단어를 떠올렸다. '두려운'과 '위험한'이었다. BCG를 떠나는 건 그의 인생에서 가장 두려운 결정일 수 있다. 하지만 BCG에서 코흐는 행복하지 않았고 후회로 가득한 인생을 살게 될 것이기에 BCG에 머무는 건 위험한 일이었다.

두렵지만 위험하지 않은 일이 인생에는 무수히 많이 존재한다. 그 반대의 경우도 마찬가지다. 코흐는 직장을 떠나 모험을 감행했고 사무엘 애덤스Samuel Adams 맥주를 만들었다.

이와 같은 정신적 체계를 통해 당신의 인생을 바라보면 인생에서 큰 결정을 내릴 때 도움을 얻을 수 있고, 충동적으로 모험을 감행하는 대신 계산된 위험을 감수할 수 있다. 세계에서 가장 뛰어난 능력을 지님과 동시에 위험을 감수하는 이들의 숨은 천재성은 바로 이것이다. 그들은 아무리 위험을 평가했고 모든 행동을 제대로 했어도 성공은 보장될 수 없단 사실을 이해하고 있다.

오토매틱Automattic(워드프레스의 모회사)의 CEO인 맷 멀런웨그Matt Mullenwege가 받은 최고의 조언은 의사 결정에 관한 것이었다. 오토매틱의 전 CEO였던토니 슈나이더Toni Schneider는 멀런웨그에게 이런 말을 한 적이 있다.

"돌이킬 수 있는 결정은 빠르게 내리고, 돌이킬 수 없는 결정은 신중하게 하라."

이 의사결정 모델은 불확실성의 시대에 상당히 유용하다. 만약

돌이킬 수 있는 결정은
빠르게 내리고,

돌이킬 수 없는 결정은
신중하게 하라.

— 토니 슈나이더

결정을 되돌릴 수 있다면, 사전 정보가 엄청나게 많지 않더라도 빠른 결정을 내릴 수 있다. 결정을 내리면서 오히려 더 많이 배우게 될지도 모른다. 하지만 돌이킬 수 없는 결정이라면 반드시 천천히 신중하게 분석적으로 접근해야 한다. 여러분 자신에게 이렇게 질문하라.

"지금 내리려는 결정이 돌이킬 수 있는 것인가, 없는 것인가?"

• 앨라배마 대학 미식축구부 수석 코치 닉 사반

매 경기 전, 닉 사반Nick Saban과 다른 코치들은 '만약에 회의'라 부르는 회의를 한다. 회의에서 그들은 서로에게 이런 질문을 한다. "만약 이런 일이 일어난다면? 만약 저런 일이 일어난다면?"

그들은 중요한 경기에 만반의 준비를 하기 위해 가상의 시나리오들을 살펴본다. 선수의 헬멧이 망가질 때를 대비해 장비 담당자는 몇 개의 헬멧 스냅을 벨트에 차고 있어야 할까부터, 어느 심판이 패스 방해 깃발을 던질 가능성이 클까지도 세세하게 분석한다.

거의 모든 시나리오에 대한 비상 계획도 존재한다. 사반은 철저한 준비 과정으로 잘 알려진 코치로, "**절대 인간의 본성이 팀**

을 지배하도록 허용하지 않는다." 즉, 사반은 기회의 여지를 거의 남겨두지 않음으로써 위험 요소를 줄이는 방식을 취한다. 2015년 당시 수비 코디네이터를 맡았던 커비 스마트^{Kirby Smart}는 이렇게 말했다. "우리가 회의에서 말한 것 중 90퍼센트는 일어나지 않지만, 10퍼센트는 실제로 발생합니다. 실제 상황이 되어도 여러분은 이미 준비된 상태이니 그걸 바탕으로 적절한 의사 결정을 할 수 있죠."

위험을
환대하라

구글에서 콘래드 앵커Conrad Anker의 이름으로 가장 많이 입력된 검색어는 바로, '콘래드 앵커는 어떻게 죽었나?'이다. 하지만 그의 인생 스토리를 깊이 탐구한 뒤, 나는 계속해서 스스로 정반대의 질문을 했다. "대체 그는 어떻게 살았을까?"

분명히 하자면 앵커는 건강하게 잘 살아 있다. 하지만 산악 등반의 신화와 같은 인물인 그에게는 구사일생의 순간이 여러 번 있었다. 1999년 앵커는 에베레스트 등반에 나섰다. 1924년 에베레스트 등정을 시도하다 실종된, 전설적인 영국의 산악인 조지 맬러리George Mallory의 시신을 찾기 위한 등반이었다.

"에베레스트 등반은 기본적으로 스키 슬로프 하이킹과 비슷합니다. 하지만 가슴과 머리에 907킬로그램의 코끼리를 짊어지고 가는 거죠"라고 앵커는 말한다.

석 달 뒤, 앵커는 동료 등반가인 알렉스 로Alex Lowe, 데이비드 브리지스David Bridges와 함께 세계에서 열네번째로 높은 봉우리인 시샤팡마Shishapangma 등반을 시도했다. 쌓인 눈이 움직이기 시작한 걸 처음 눈치챈 건 로였다. 그리고 단 몇 초 만에 그들은 거대한 눈사태가 쏟아지는 길목에 서 있다는 사실을 깨달았다.

거대한 눈더미가 그들을 향해 쏟아지고 있을 때는 이미 속도가 100킬로미터까지 가속된 상태였고 경사면 폭이 150미터 너비에 이르렀다. 그들에게는 도망치는 것 외엔 다른 선택지가 없었다. 앵커는 좌측, 로와 브리지스는 우측으로 뛰었다. 앵커는 갈비뼈 골절, 두부 열상, 어깨 탈구를 겪었지만 살아남았다. 로와 브리지스는 2016년 그들의 시신이 발견되기 전까지 다시는 볼 수 없었다.

2017년 어느 한 대학의 졸업 연설에서 앵커는 졸업생들에게 인생이란 여러 순간이 모여 이루어진다고 말했다. 태어난 순간, 첫 걸음마를 했던 순간, 처음으로 등반한 순간. "그 모든 순간이 전부 특별합니다"라고 앵커는 이야기한다. "그 순간들이 모여 인생의 중요한 사건들이 됩니다. 우리가 피할 수 없는 단 하나의 사건은 바로, 죽음이죠."

이 장에서 맥너마라, 몰차노프, 해드필드, 아다리오, 앵커의 이야기를 한 이유가 있다. 그들은 모두 극단적인 직업을 가진 인물들로, 한 번의 실수로도 목숨을 잃을 수 있는 사람들이다.

하지만 그들의 이야기에는 위험을 감수하는 것의 밝은 면도 묘사되어 있다. 우리 인생의 대부분 순간은 죽느냐 사느냐가 걸린 절체절명의 순간이 아니다. 대부분은 살아갈 수 있는 상황이다. 이는 위험이란 전후 사정과 관련된 것이며, 시급함의 수준은 보는 관점에 달라진다는 의미다.

2015년 셰릴 샌드버그Sheryl Sandberg가 페이스북에서 최고운영책임자인 COO로 일하고 있을 당시, 샌드버그와 남편 데이비드 골드버그는 멕시코의 해변으로 휴가를 떠났다. 그런데 리조트의 헬스장에서 운동 중이던 남편이 갑자기 쓰러져 심각한 두개관 외상으로 사망했다. 남편의 사망으로 샌드버그는 페이스북의 CEO인 마크 저커버그Mark Zuckerberg에게 이런 메시지를 보냈다. '비상, 전화 요망.'

그녀의 메시지를 읽은 저커버그는 샌드버그가 휴가 중이긴 하지만, 메시지는 일과 관련된 것으로 생각했다. 나중에 당시를 떠올리며 저커버그는 이렇게 말했다. "예전엔 많은 일이 '비상, 전화 요망'의 수준이었습니다. 요즘엔 그렇지 않죠."

'위기의 세 가지 측면The Three Sides of Risk'이라는 이름의 블로그에서 작가이자 투자자인 모건 하우절Morgan Housel은 위험 감수에는 세 가지 뚜렷한 측면이 존재한다는 걸 사실로 상정하고 있다.

1. 당신에게 사고가 날 확률
2. 일반적인 사고 발생의 결과
3. 사고 발생의 최종 결과

장기적으로 중요한 건 위험이 가져올 최종 결과다. 하우절은 이를 "가능성은 적지만 큰 충격을 가져오는 일"이라고 부른다. 가장 통제하기 어렵지만 가장 중요하기도 하다.

앵커와 그의 동료들이 시샤팡마 등반을 시도했을 때, 그들 스스로를 능숙한 산악인이라 생각했다. 자신들 능력의 최고치와 등반의 위험을 비교해서 계산했다. 하지만 그들에게, '가능성은 적지만 큰 충격을 가져오는 일'은 예기치 못한 산사태의 발생이었다. 그들에게 남은 건 단순하면서 운에 모든 걸 맡기는 결정뿐이었다. 앵커는 좌측, 동료들은 우측을 택했다.

요점은 이거다. 우리가 혼돈을 다스리는 마스터가 되었다고 생각할 때, 인생은 가장 유능한 리스크 완화 전문가조차 겸손해지도록 하는 방법을 알고 있다. 그리고 만약 우리가 살아남는다면,

그 경험으로부터 배울 수 있는 교훈이 셀 수 없이 많을 것이다.

빅 웨이브 서퍼 개럿 맥너마라는 이렇게 말한다. "당신이 아는 건 아무것도 없단 걸 깨달을 때 비로소 마스터가 됩니다."

- ### 스테이시 피타칩의 창립자 스테이시 매디슨

불확실한 세상에서 대부분의 사람은 움츠러들기 마련이다. 하지만 최고의 기업들과 회복력이 뛰어난 기업가 대부분은 위기의 순간에 탄생한다.

1990년대, 스테이시 매디슨Stacy Madison은 레스토랑에서 근무하며 두 번째 지점을 여는 일에 도움을 주고 있었다. 레스토랑 업계에서 잘나가고 있다고 생각하던 때 그녀는 갑작스레 해고를 당했다. 엄청난 충격을 받은 매디슨의 머릿속에 전구 하나가 켜졌다.

"근본적으로 다시 생각해 보자. '다른 사람을 위해 이렇게나 열심히 일할 수 있는데, 나 자신을 위해서는 못 할 게 뭐야?'"

그녀는 위험을 감수하기로 하고, 음식 가판 카트에 5000달러를 투자했다. 그녀가 피타칩을 팔던 카트는 훗날 거대한 스테이시 피타칩Stacy's Pita Chips으로 성장해서 2억 5000만 달러를 받고 펩시코에 매각된다.

우리 모두 인생에서 어떤 순간이 되면 "난 이제 어떻게 해야 하지?"라는 질문을 하게 된다. 대학을 갓 졸업했거나 직장에서 해고당한 상황일 수도 있다. 그 상황이 무엇이건 이런 자아 성찰의 순간은 우리 모두에게 도래한다.

이때 우리는 어떤 교훈을 얻을 수 있을까? 다른 사람들은 쉽사리 못 하겠지만 여러분은 움직일 수 있다. **"화재나 사고처럼 당신이 통제할 수 없는 빌어먹을 일이 일어납니다. 그것이 바로 변곡점입니다. 책임지고 주도해서 나아가야 할 기회인 거죠"**라고 매디슨은 말한다.

• 우주비행사 프랭클린 창 디아즈

미국 우주항공국 NASA에서 25년을 보내며 프랭클린 창 디아즈는 일곱 번의 우주 왕복선 임무를 완수했다. 우주 비행은 최장의 비행 기록과 동일하게, 1600시간 이상을 우주에서 보낸 걸로 기록되며 여기에는 총 19시간 31분의 우주 유영도 포함된다.

창 디아즈가 대학생 시절, 한 교수님이 그에게 이런 말을 했다. **"자네 실험이 완벽하게 진행된다면, 자네는 아무것도 배우지 못할 걸세."**

당시 그는 교수님의 논리를 이해하지 못했지만, 수년의 세월이 지나 교수님의 말씀을 이해할 만큼 성장했다. 성공하기 위해선, 먼저 실패하는 법을 배워야 한다.

인생과 마찬가지로 과학은 막다른 길을 수없이 헤맨 후에야 비로소 앞으로 나아갈 길을 찾는다. **"큰 위험을 피하기보다는 작은 모험을 자주 감행하십시오. 제 철학은 항상 작은 진보를 많이 해나가는 것이었습니다"**라고 그는 말한다.

자네 실험이
완벽하게 진행된다면,
자네는 아무것도
배우지 못할 걸세.

— 프랭클린 창 디아즈의 대학 교수

숨은 재능을 발굴하는 일상의 실천

- 위험은 어디에나 있지만, 우리는 위험에 굴복해선 안 된다. 리스크 전문가의 접근 방식을 사용해서 냉정하게 위험을 평가하고 완화하면 효과적인 의사 결정에 도움이 된다.

- 스트레스 상황에서 천천히 호흡함으로써 긴장을 완화하라. 스트레스는 기꺼이 극복해야 할 도전 과제라고 생각하라. 그리고 한 번에 한 가지 일에만 집중하라. 능력과 침착함은 한 번에 한 호흡으로 만들어진다.

- 가상의 시나리오, 재난에 대비한 최종 리허설을 통해 최악의 사태에 대비하라. 두려움을 주는 행동에는 그 행동을 하지 않는 것에 대한 위험도 존재한다. 이를 기억하면 교착상태를 해결하고 이성적인 결론을 내리는 데 도움이 될 수 있다.

- 모든 시나리오가 같은 양의 사고를 요구하는 것은 아니다. 돌이킬 수 있는 결정은 빠르게, 돌이킬 수 없는 결정은 천천히 내려서 의

사결정의 부담을 줄여라.

* 최종 결과가 가져오는 위험이 가장 통제하기 어렵지만 가장 중요
하다. 대부분 위험은 생과 사가 걸린 문제가 아니다.

* 큰 위험을 피하기보다는 작은 모험을 자주 감행하라. 이를 통해
더 단단해지고 앞으로 발전할 수 있다.

신뢰는 복리로 쌓인다. 그리고 우리에게는 신뢰하는 누군가가 존재한
다. 바로, 우리 자신이다. 하지만 우리가 항상 신뢰할 수 있는 상태가 아
니라면? 우리가 신뢰할 수 있는 화자가 아니라면? 세계적으로 성공한
인물들은 어떻게 자신의 인생에서 더 나은 스토리텔러가 되었으며, 창
의적 인물이나 전문가로서 타인을 돕고 영향력을 미칠 수 있었을까?
다음 장에서 그들의 이야기에 대해 살펴보자.

H I D

PART 2

G E N

D E N

당신의 멘탈은 주기적으로
업데이트 중인가

I U S

4장

감기에 걸린 프랭크 시나트라

"위대한 이야기는

그 이야기를 할 수 있는 사람에게서 생겨난다."

<디스 아메리칸 라이프This American Life>의 제작자,

– 아이라 글래스Ira Glass

예기치 못한 갑작스러운 이별 후, 로리 고틀리프Lori Gottlieb는 그녀의 심
리치료사 웬델Wendell의 클리닉을 찾아 상담실 소파에 앉았다. 고틀리
프의 이야기를 듣고 난 후, 웬델은 어쩐지 철창을 흔들며 감방에서 필
사적으로 나오려고 애쓰는 죄수의 이야기로 유명한 만화가 떠오른다고
말했다. 그리고 철창 좌우 양쪽은 뚫린 상태라고 덧붙였다. 고틀리프는
그저 철창을 돌아 나오기만 하면 됐다. 왜 그러지 않은 걸까?

우리 중 많은 이들이 그렇듯, 고틀리프도 자신에게 교도관처럼 행동
하고 있었다. 고틀리프는 자신을 둘러싼 모든 것이 결국 하나의 스토
리로 귀결된다고 믿었다. 그리고 실제로 우리가 자신에게 하는 이야기,
우리가 믿는 이야기, 우리가 고치길 꺼리는 이야기는 모두 궁극적으로

하나의 스토리로 모인다.

고틀리프의 직업은 스토리를 다루는 일이다. 심리치료사이자 작가로서, 고틀리프는 어떻게 이야기가 우리 인생의 핵심을 형성하는지 알고 있다. 이야기는 우리에게 더 깊은 의미를 부여한다. 작가로서 고틀리프는 "주인공은 무엇을 원하며, 원하는 바를 얻는 데 방해가 되는 건 무엇인가?"라고 질문한다. 심리치료사로서도 같은 질문을 한다.

고틀리프는 이렇게 말한다. "치료 상담실에서, 그리고 책상에 앉아 나는 무수히 많은 이야기 편집 작업을 합니다. 어떤 소재가 관련 없는 것일까? 이야기가 진행되고 있는 걸까, 아니면 주인공이 제자리걸음을 하는 중일까? 구성 요소들이 주제를 잘 드러내고 있을까?"

인간으로서 우리는 어린 시절의 트라우마에서부터 미래를 향한 희망까지 모든 것을 이야기한다. 무엇이 아름다운지, 무엇이 성공적인지, 왜 우리의 문제가 중요한지 결정하는 것이 바로 이야기다.

여러분의 인생에 주연, 조연, 흥미로운 줄거리, 장애물, 감정, 갈등이 있다고 생각한 적이 있는가? 우리 인생에는 강렬한 이야기에 필요

한 모든 요소가 갖춰져 있다. 하지만 그 이야기를 하는 주체는 누구이며, 그들은 어떤 부분을 강조하기 위해 선택되는가?

이야기는 화자에 따라 달라질 수 있다. 그리고 그 화자를 항상 신뢰할 수 있는 건 아니다. 큰 성공을 거둔 뮤지컬 <해밀턴^{Hamilton}>의 마지막 대사는 "누가 살고, 누가 죽고, 그리고 누가 당신의 이야기를 해줄까?"이다. 관객들은 공연장을 떠나며 '나의 이야기는 누가 해줄까?' 의문을 품게 된다.

이 질문은 대답해 보아야 할 중요한 질문이다. 여러분이 자기 의 인생에 담긴 강력한 내러티브를 이야기하는 법을 터득하지 못하면, 누군가 다른 사람이 대신할 것이기 때문이다.

1

자신의 기억만이
진실이라고 고집하지 마라

여러분은 아마도 신뢰할 수 없는 화자라는 문학적 장치를 『걸 온 더 트레인』, 『레베카』, 『파이트 클럽』과 같은 소설에서 경험했을 것이다. 심지어 에드거 앨런 포의 『고자질하는 심장』은 자신이 미쳤다고 독자를 설득하려는 화자로부터 시작한다(자기가 제정신이 아니라고 설득하려는 화자는 절대 믿지 마라).

반전은 우리 모두가 자신의 인생에서 신뢰할 수 없는 화자란 사실이다. 우리는 자기 이야기를 자동으로 만들어내며 특정 정보의 조각들은 강조하는 반면, 다른 조각들은 평가 절하한다.

데이비드 카David Carr의 끔찍한 회고록 『총의 밤The Night of The

Gun』은 인간 본인의 기억에는 선천적으로 신뢰할 수 없는 부분이 있다는 내용을 다루고 있다. 카는 상당 기간 약물중독이었고, 자기 인생에서 있었던 사건들의 진실을 밝히기 위해 진상 조사에 나선다.

'헤르만 에빙하우스Hermann Ebbinghaus(독일의 심리학자, 실험심리학의 선구자로 기억과 망각에 대한 실험 연구 분야를 개척했다 – 옮긴이)의 곡선 혹은 망각 곡선에서 R은 기억 유지, S는 기억의 상대적 힘, T는 시간을 상징한다. 기억의 힘은 반복을 통해 형성될 수 있지만, 우리가 이야기할 때 떠올리는 건 우리의 기억이지 그 사건이 아니다. 이야기는 발화 과정에서 서서히 변화하고, 매번 우리가 기억을 떠올릴 때마다 차례로 편집된다. **사람들은 그들이 어떻게 살았는지보다는 그들이 살면서 무엇을 용납할 수 있는지를 더 자주 기억한다.**'

절대적 진실을 좇던 카는 누구에게 물어보느냐에 따라 달라지는 다양한 버전이 존재한다는 걸 깨닫는다. 할리우드의 제작자 로버트 에반스Robert Evans는 한때 이런 글을 썼다. **'모든 이야기에는 세 가지 버전이 존재한다. 당신의 버전, 나의 버전, 그리고 진실이다.'**

이야기 화자로서 우리는 왜곡하고 부정하고 과장하지만, 그럼에도 우리의 뒤엉킨 믿음을 절대적으로 신뢰한다. 자기 자신에게

사람들은
그들이 어떻게
살았는지보다는
그들이 살면서
무엇을 용납할 수
있는지를
더 자주 기억한다.

— 데이비드 카

하는 이야기가 사실인지 철저하게 확인하고 입증하는 사람은 극소수에 불과하다. 그리고 우리는 주인공의 이야기만 들으려 하는 경향이 있다.

심리치료사로서 고틀리프는 그녀의 환자들이 자기 자신에게 하는 이야기를 '편집edit'할 수 있도록 도와준다고 말한다. 논리만으로 충분한 경우는 많지 않다. TED 강연에서 고틀리프는 화자에 따라 사실이 어떻게 왜곡이나 강조, 축소될 수 있는지 설명한다.

"우리가 우리 인생을 이야기하는 방식이 우리가 누구인지를 결정합니다. 그것이 바로 우리 이야기가 지닌 위험성이죠. 이야기가 우리를 망쳐버릴 수도 있는데, 거기에도 역시 이야기의 힘이 미치기 때문입니다"라고 고틀리프는 말한다.

환자와 이야기를 나눠온 수년 동안, 고틀리프는 사람들 대부분의 이야기는 두 가지 핵심 주제로 귀결되는 경향이 있다는 사실을 깨달았다. 바로, 자유와 변화다. 자유에 대해 생각하면 당신은 무기력하고 붙잡혀 있고 갇혀 있는 듯한 기분이 든다. 변화는 불확실성이라는 날카로운 칼날이 위협하는 듯한 느낌이 든다. 따라서 여러분 자신을 자유롭게 하려면 과감하게 미지의 세계로 모험을 떠나야 한다.

다음과 같은 연습을 해보라. 빈 종이를 꺼내서 여러분을 불안하게 만드는 상황에 관해 써보라. 자신에게 어떤 말을 하고 있었는가? 누가 여러분을 화나게 했는가? 무엇이 문제인가? 이제, 종이 한 장을 더 꺼내 앞서 종이에 쓴 상황과 같은 상황을 여러분 인생에 속한 다른 인물의 관점으로 써보라.

"여러분의 이야기를 다른 사람의 관점에서 바라보고 글로 써 내려가면 무슨 일이 일어날까요? 더 넓은 관점에서 보니 이제 무엇이 보입니까?"라고 고틀리프는 묻는다. 때때로, 여러분이 자기 인생에 대해 자신에게 해왔던 이야기는 현실을 아예 반영하지 않을 수도 있다.

이 연습은 여러분이 스스로의 인생을 들여다볼 수 있도록 구멍을 뚫고 약점을 파악하게 해주는 매우 효과적인 도구다. 불확실성이 존재할 때, 우리는 상황을 더 많이 통제하고 있다는 기분이 들기 위해 빈칸을 채우려고 노력한다고 고틀리프는 말한다. "불행하게도 우리는 그 빈칸을 긍정적인 것으로 채우지 않습니다. 대신, 뭔가 무시무시한 것으로 채우는 경향이 있죠"라고 고틀리프는 덧붙인다.

이 모든 것이 우리가 자신에게 더 나은, 더 진실한 이야기를 들려주는 데 도움이 된다. 이는 물론 우리가 다른 사람들에게도 더 나은 이야기를 들려줄 수 있다는 의미도 된다. 스토리텔링을 개선하는 이유는 단순히 자기 파괴적 행동을 피하기 위해서가 아니라, 직업적으로 또 개인적으로 훌륭하게 성장하기 위해서다. 위대한 화자가 성과를 낼 수 있었던 대표적인 예를 살펴보자.

· 극작가 린 마누엘 미란다

매일 출근하는 길에 지나치는 사람들을 모두 떠올려보라. 아파트 건물 관리소에서 일하는 사람, 사무실 건물의 경비원, 매일 아침 일찍 만나는 건물 관리인. 그들의 이름을 알고 있는가? 그들에게 질문을 던지는가? 혹은 너무 바쁜 나머지 그들의 존재조차 인지하지 못하고 빠르게 스쳐 지나가는가?

우리 일상에서는 우리가 주인공이고 나머지 사람들은 그저 조연인 경우가 많다. 극작가 린 마누엘 미란다Lin Manuel Miranda는 고등학교 때 만나던 연인과 헤어졌을 때, 자기 자신을 로맨틱하고 상심에 빠진 남자친구라고 생각했다. 하지만 헤어진 연인이 들려주는 이야기에선 어떨까? "그녀의 이야기 속에서 저는 불안해서 어깨를 바들바들 떨며 극심한 고통에 시달리는 예술가였습니다. 그녀의 진정한 사랑 이야기를 완성하는 데 방해가 되는 인물이었죠"라고 미란다는 말한다.

인생에서 종종 여러분이 주인공이 되지만, 그렇지 않을 때는 다른 누군가의 이야기 속 조연일 뿐이기도 하다. 이 사실을 이해한다면 공감의 근육을 단련하는 데 큰 도움이 될 것이다.

• 배우 알 파치노

전설적인 배우 알 파치노는 극 중 캐릭터도 실제 사람처럼 다양한 단계를 지닌다고 생각한다. 캐릭터들도 동기가 있고, 보상을 따르며, 종종 서로 대립하는 감정을 느낀다. 이를 통해 알 파치노는 그의 연기에 미묘한 뉘앙스를 더하는데, 이는 여러 다른 배우에게서는 찾아보기 힘든 자질이다.

누구도 온전히 선하거나 악하다는 카테고리로 정확히 분류할 순 없기에, 알 파치노는 영웅은 언제나 '좋은 사람'이어야 한다는 할리우드의 클리셰를 깼다. 예를 들어, 그가 출연한 영화 〈대부The Godfather〉에서 파치노는 폭력적인 마피아 두목을 그려내지만, 두목의 무자비함은 애정과 충성심, 그리고 가족을 보호하고자 하는 바람에서 나온 것이다.

맡은 역할을 너무도 자연스럽게 소화하는 파치노의 연기는 진짜와도 같은 느낌이 든다. **파치노가 그 인물인 척하지 않고 그냥 그 인물이 되어버리기 때문이다.** 파치노는 자신이 구현하려는 캐릭터 안에서 자신의 일부분을 발견한 뒤, 캐릭터의 내적 세계로 걸어 들어간다.

한 캐릭터로 살아갈 때 파치노는 감정적인 수준에서 그를 움직이게 할 뭔가를 찾는다고 말한다. 캐릭터가 무엇을 말할지 혹은 캐릭터가 왜 그런 말을 하는지를 파악하는 것이 아니라, 그런 말을 할 때 어떤 감정일지 이해하는 것이다.

2

갈등을 넘어야만
목표에 도달한다

한 세대의 정신을 담아내는 스토리를 어떻게 만들어낼 수 있을까? 이 어려운 일을 몇 번이고 반복해서 해낸 사람이 있다. 〈트라이얼 오브 더 시카고 7The Trial of the Chicago 7〉, 〈소셜 네트워크The Social Network〉, 〈어 퓨 굿 맨A Few Good Man〉 등의 영화 시나리오를 쓴 아론 소킨Aaron Sorkin은 시대정신 혹은 한 역사적 시기의 도덕적, 문화적 상황을 그려내는 데에서 장인의 경지에 이른 인물이다.

심지어 문자 그대로 '시대정신의 상Zeitgeist Award'이란 상까지 받은 바 있는 소킨이지만, 그의 견해는 다른 듯하다. 불행히도 소킨에게 '시대정신'이란 단순히 영화 제작용으로 선택하기만 하면

되는 개념이 아니다. "시대정신이란 글로 쓸 수 있는 대상이 아닙니다. 글로 쓸 수 있는 유일한 대상은 의도와 장애물뿐입니다"라고 소킨은 말한다.

소킨의 유명한 영화 중 하나인 〈소셜 네트워크〉는 페이스북(현재는 메타 플랫폼스로 회사명이 바뀌었다 - 옮긴이)의 설립 스토리를 각색한 영화다. 소킨이 이 영화의 시나리오를 쓰고 있을 때, 페이스북에는 소송이 두 건 걸려 있었고, 원고와 피고는 같은 이야기를 두고 세 가지 다른 버전을 말하는 상황이었다. 그러나 소킨은 한 가지 버전의 진실만을 선택하고 싶지 않았다.

"하나의 진실에 세 가지 다른 버전이 존재하고, 상충되는 점이 많다는 사실이 마음에 들었습니다. 그래서 전 그 세 버전 모두에 관해 이야기하고 싶었죠."

다시 말해, 소킨은 혼돈의 칵테일을 만들기 위해 우리가 앞서 이야기한 신뢰할 수 없는 화자라는 장치를 능숙하게 사용한 셈이다. 그 결과 놀랍도록 매력적인 스토리가 탄생했다. 신뢰할 수 없는 화자가 다수 존재해 하나의 진실에 세 가지 다른 버전이 존재한다면 무슨 일이 벌어지겠는가? 바로 갈등이다.

이야기를 들려줄 때, 어떤 이야기건 핵심 구성 요소는 갈등이라는 점이 중요하다. 소킨이 이에 대해 어떻게 정의하는지 살펴보자.

"누군가 무언가를 원하고, 원하는 바를 얻는 과정에서는 장애물에 부딪히게 됩니다. 무엇을 원하는지는 중요하지 않습니다. 돈과 여자를 원할 수도 있고, 필라델피아에 가고 싶어 할 수도 있죠. 뭐든 관계없습니다. 하지만 그걸 절실하게 원하는 상태여야 합니다. 그걸 필요로 한다면, 더 좋겠죠."

여기서 주목해야 할 점은 의도가 더해지지 않은 갈등은 아무것도 아니란 점이다. 소킨의 숨은 천재성은 관객에게 등장인물 자체에 대해서는 절대 이야기하지 않는 대신, 인물이 원하는 바가 무엇인지를 자세히 보여준다는 데 있다. 이처럼 의도가 드러나는 부분은 영화에서 매우 중요하다. 주인공의 행동 뒤에 무엇이 숨어 있을까? 그들이 그런 행동을 한 동기는 무엇일까?

영화 〈소셜 네트워크〉에서 마크 저커버그라는 캐릭터는 모든 종류의 갈등에 연루되어 있다. 여자친구, 친구 에두아르도, 페이스북을 개발했다고 주장하는 윙클보스 쌍둥이 형제, 그리고 하버드라는 강력한 단체까지 모두 그와 갈등 관계에 있다.

이 갈등에는 곧장 의도가 뒤따른다. 영화에서 저커버그는 자신의 가치를 입증하기 위해 기꺼이 모든 것을 날려버릴 의지를 보인다. 심지어 그로 인해 연인, 친구, 공동설립자, 투자자, 혹은 파이널 클럽finals club(하버드 대학교 내 사교 클럽 중 하나로 극소수의 선택받은 학생들만 가입할 수 있는 배타적 클럽 - 옮긴이)의 프라이빗 파티

글로 쓸 수 있는
유일한 대상은

의도와 장애물뿐입니다.

— 아론 소킨

초대장을 잃는다고 하더라도. 궁극적으로 그의 최종 의도는 사회적 지위를 얻는 것이다. 그리고 저커버그는 원하는 바를 이룰 때까지 모든 장애물을 헤치고 나간다.

"제게 이 영화는 페이스북에 대한 영화가 아니었습니다. 전 다른 사람들처럼 기술에 관심을 두고 있는 사람이 아니에요. 배경은 매우 현대적이지만 저는 이 영화에서 과거의 스토리텔링만큼이나 오래된 이야기를 보았습니다. 우정, 충성심, 권력, 배신, 계급, 질투를 주제로 한 이야기 말입니다"라고 소킨은 말한다.

갈등과 의도로 가득한 여정으로 청자를 데리고 갈 수만 있다면 여러분의 강렬한 이야기는 듣고 또 들을 만한 가치를 지닐 것이다. 여기 소킨이 제안하는 간단한 테스트가 있다. **'그러나', '제외하고', 혹은 '그리고 그 후'라는 말을 사용하지 않고 이야기를 만들어 보라.** 장애물이 곧 등장할 것이라 알려주는 이 말들을 사용하지 않는다면 갈등을 만들어내는 데 큰 어려움을 겪을 것이다. 그러니까 여러분은 자신에게 이런 질문을 할 필요가 있다.

"이 인물이 원하는 바는 무엇이고, 그걸 얻는 데 방해가 되는 건 무엇일까?"

자, 그러면 소킨의 갈등 중심 프레임워크를 어떻게 여러분에게 도움이 되도록 사용할 수 있을까?

당신이 투자자에게 피칭^{pitching}(신규 업체, 스타트업 등이 투자를 유치하기 위해 투자자를 설득하는 행동 - 옮긴이)하는 사업가라면, 곤란한 문제에 부딪쳤을 때 당신의 제품으로 문제를 해결한 사용자의 이야기를 들려줄 수 있을 것이다. 예를 들어, 에어비앤비가 투자 유치를 위해 준비했던 발표 자료는 가격에 민감한 소비자들이 여행 경비는 절약하고 싶지만, 현지 주민들에게 적당한 금액을 주고 숙소를 예약하기는 어렵다는 점에서 착안했다.

당신이 세일즈맨이라면, 당신의 제품을 사도록 클라이언트를 설득해야 한다. 맥주업계에서 큰 성공을 거둔 기업가 짐 코흐는 '당신의 제품이 더 낫거나 싸다면 당신의 사업은 성공할 수 있다'라는 조언을 했고 이는 우리 삶에 빠르게 적용할 수 있다. 고객이 될 가능성이 있는 사람에게 여러분 경쟁사의 제품은 질이 낮거나 가격이 높다고 말해볼 수 있다. 경쟁사는 문제를 일으키지만, 당신은 해결책을 제시하는 것이다.

사랑에 빠지고픈 상대가 있다면, 지리적 거리를 비롯해 당신을 방해하는 모든 장애물을 떠올려보고 상대와 만날 수 있는 방법을 제안할 수 있다. 모든 어려움을 극복하고 둘이 함께 있길 바라기 때문이다.

갈등과 의도에 집중하면 마찰과 긴장이 발생으로 여러분의 스토리텔링이 더 풍성해진다. 인물이 어떤 사람인지 관객에게 말할 필요는 없다. 그 인물이 원하는 바가 무엇인지를 보여줘라.

• 캔바의 공동설립자이자 CEO 멜라니 퍼킨스

'특이한 피치 데크pitch deck(투자자에게 피칭할 때 사용하는 발표 자료
－옮긴이)'라고 검색하면 멜라니 퍼킨스Melanie Perkins의 캔바Canva
채용 피치 데크가 첫 번째 검색 결과로 자주 등장한다. 그 이유
는 이러하다. 퍼킨스가 캔바의 기술팀을 꾸리고 있을 때, 퍼킨
스는 구글의 수석 엔지니어였던 데이브 헌든Dave Hearnden을 설
득해서 데리고 오고 싶었지만, 헌든은 거대 기술 기업에서 일
하고 있는 자신의 자리를 떠나길 꺼렸다.

헌든은 다시 생각하겠다고 했고, 퍼킨스는 캔바에서 기회를 잡
을 수 있을 거라고 헌든을 설득하기 위한 계획을 세운다. 퍼킨
스는 헌든에게 열여섯 페이지 분량의 매우 간단한 피치 데크를
보냈다. 거기에는 데이브라는 인물의 이야기가 담겨 있었다.

갈등은? 그는 모험을 꿈꾸었지만, 구글에 충성하느라 그 꿈은
갈기갈기 찢겼다. 그런 데이브에게 캔바라는 회사가 다가왔고
흥미로운 제의를 한다. "디자인 세계를 완벽히 바꿔봅시다." 이
피치 데크처럼 실제로 데이브는 결국 캔바에 합류한다.

- **작가, 쇼 제작자 빈스 길리건**

스토리텔링에는 움직임이 필요하고, 인물들은 이야기를 앞으로 끌고 나가야 한다. 대성공을 거둔 TV 시리즈 〈브레이킹 배드Breaking Bad〉의 제작자 빈스 길리건Vince Gilligan은 자신의 작가 팀에게 항상 다음의 세 가지를 질문한다.

1. 지금, 이 순간 인물이 원하는 바는 무엇입니까?
2. 그들이 두려워하는 건 무엇입니까?
3. 그들과 목표 사이에는 어떤 장애물이 있습니까?

'아무거나'라는
태도를 주의하라

대학 재학 시절, 어느 날 저널리즘 교수님이 학생들이 바라던 과제를 내주었다. 자신이 고른 누군가의 프로필을 작성하는 과제였다. 나는 수업을 같이 듣던 친구를 인터뷰할 생각에 들떠 있었지만, 얼마나 어려울 것인지는 전혀 모르고 있었다. 소심한 그 친구로부터 놀랍고 흥미로운 일이 가득한 인생 이야기를 듣기란 쉽지 않았다. 이 과제가 쉬울 거라 생각했던 나는 혼란에 빠졌다.

인터뷰를 마친 뒤 나는 교수님 사무실을 방문해, 교수님에게 어쩌다 보니 내가 '세상에서 가장 지루한 사람'을 선택했으니 다른 상대를 골라야겠다고 말했다. 교수님은 거절하면 안 된다고 말하면서 내가 인터뷰 진행자로서 해야 할 역할을 하지 않았다고 했다. **"태어날 때부터 지루한 사람은 없어. 제대로 된 질문을 하지 않아서 지루한 사람처럼 보이는 거지"** 라고 그는 내게 말했다.

교수님의 그 조언은 내가 리포터이자 스토리텔러로서 커리어를 쌓아가는 동안 길잡이가 되어주었다. 언제든 힘든 시기를 겪게 되면 나는 인터뷰 상대의 의무는 나를 즐겁게 하는 게 아니라고 스스로 상기시킨다. 스토리텔러로서, 일상에서 특별함을 찾는 건 내 몫이다.

이런 깨달음이 눈에 보이기 시작한 건 '휴먼스 오브 뉴욕'이라는 유명한 블로그를 운영하는 사진작가 브랜던 스탠턴의 인터뷰를 진행했을 때였다.

스탠턴은 10년이 넘는 세월 동안 평범한 사람들의 놀라운 이야기를 담아왔다. 그는 가장 상처받기 쉬운 순간부터 가장 철학적인 순간까지 다양한 시점에서 피사체를 촬영한다. '휴먼스 오브 뉴욕'은 뉴욕의 거리에서 만난 낯선 인물들의 사진과 함께 그들의 강인함, 중독, 구원, 후회, 사랑 등 개인적인 스토리를 전달한다.

"처음에는 길에서 만난 사람들의 사진만 찍다가 그들을 인터뷰하기 시작했습니다. 그리고 그들의 이야기를 배워가게 되었죠"라고 스탠턴은 말한다.

태어날 때부터
지루한 사람은 없어.
제대로 된
질문을 하지 않아서
지루한 사람처럼
보이는 거지.

"그 과정에서 평범한 사람들의 이야기에도 관심을 끄는 부분이 있을 뿐만 아니라, 유명 인사나 연예인의 이야기보다 훨씬 더 강렬하고 공감대를 잘 형성할 수 있는 부분이 있다는 사실을 깨달았습니다."

전통적인 미디어 매체들은 전 세계를 아우르며 특정 지역의 폭력성을 종종 흑백논리로 펼치며 선정적으로 보도하곤 한다. 하지만 위대한 스토리텔러들은 평범함 속에서 미묘한 뉘앙스와 아름다움을 찾는다.

1978년, 열아홉 살이던 아이라 글래스는 NPR 인턴을 시작으로 공영 라디오방송 커리어를 쌓았다. 글래스는 NPR에서 녹음 테이프 자르기, 데스크 보조, 뉴스캐스트 작가, 에디터, 프로듀서, 리포터, 대체 진행자까지 할 수 있는 거의 모든 일을 경험했다.

NPR에 입사한 지 17년이 지났을 때, 그는 하나의 주제를 정한 뒤 여러 '막'으로 나눠 살펴보는 주간 프로그램에 관한 아이디어를 냈고 이로써 〈디스 아메리칸 라이프〉라는 쇼가 탄생하게 된다. 〈디스 아메리칸 라이프〉는 저널리즘 쇼지만 인물, 장면, 플롯을 전개하는 데 소설적인 테크닉을 사용했다.

그리고 28년 뒤, 글래스는 1995년 그가 선구적으로 고안했던 길이가 긴 논픽션 오디오 포맷으로 수백 개의 팟캐스트 쇼와 그 진행자들에게 영감을 주고 있다. 말할 필요도 없이 〈디스 아메리칸 라이프〉는 대표적인 하나의 문화로 자리 잡았고, 평범한 사람들의 이야기를 통해 인종, 정치, 이민, 대학 생활 등 다양한 주제를 다룬다.

글래스는 쇼에서 소개되는 이야기들은 "만약 이런 일이 여러분에게 일어난다면 어떤 기분이 들지 상상할 수 있도록 한다"라고 말한다. 그는 가장 '지루해' 보이는 주제조차도 흥미롭게 변화시키는, 매력적인 스토리텔링 공식을 발견했다.

〈디스 아메리칸 라이프〉에 소개되는 이야기들은 내러티브 저널리즘의 구조를 따르며 여기에는 두 가지 기본 구성 요소가 존재한다. 첫째, '전진 전개 플롯forward-moving plot'과 둘째, '다수의 아이디어a multitude of ideas'다.

글래스에 따르면 전진 전개 플롯은 하나의 일화와 일련의 순차적인 행동들을 통해 진행된다(X가 Y로 이어지고, 이에 따라 Z로 이어짐). 이렇게 해서 가속도와 긴장감이 형성되며 전개된다. 그러고 난 뒤, 긴장감에 감정과 아이디어가 더해지는데, 이를 통해 청취자는 지금 듣고 있는 이야기와 정서적 공감대를 형성할 수 있다. 각 에피소드는 청취자가 특별한 혹은 성찰의 순간에 도달하도록 구성되어, 청취자들이 에피소드 등장인물의 역경을 가까이 느끼고 공감하거나 이해할 수 있도록 한다.

예를 들어, 〈디스 아메리칸 라이프〉는 공화당 상원의원 제프 플레이크Jeff Flake가 등장하는 에피소드를 제작한 적이 있다. 그의 정치적 견해에 동의하지 않던 한 여성이 그 에피소드를 듣는 동안 '안돼! 제프 플레이크를 좋아하도록 만들지 마!'라는 생각이 계속 들었다고 글래스에게 말했다.

"그러지 말길 바랐지만 글래스, 당신은 그를 인간답게 표현했어요."

청취자 여성이 덧붙였다. 이것이 바로 평범한 이야기를 특별하게 만든 예다. 글래스는 한 사람을 다큐멘터리식으로 기록하면서 그 사람의 이상적인 점, 별난 점, 결점을 모두 담아내는 것이 이 방식의 핵심이라고 말한다. 그리고 청취자는 그에 대한 의견을 스스로 형성한다.

무엇이든 겉보기에는 평범하고 단순해 보이는 일도 자세히 들여다보면 복잡한 경우가 많다. '지루함이 당신의 흥미를 끈다'에 적절한 예시는 게이 테일즈Gay Talese의 글이다. 게이 테일즈는 1966년, 잡지 《에스콰이어Esquire》에 '감기에 걸린 프랭크 시나트라'라는 기사를 썼다. 놀랍게도 그는 유명 가수였던 프랭크 시나트라Frank Sinatra와 한 번도 이야기를 나눠본 적 없이 글을 썼는데 이후에 이 기사가 프로필 기사 작성의 표준이 되었다.

이 기사는 지금까지 출간된 잡지 기사 중 가장 많은 찬사를 받는 스토리가 되었고 종종 역사상 최고의 연예인 프로필 기사 중 하나로 거론되기도 한다. 이 기사는 사실에 바탕을 둔 이야기에 소설처럼 생생한 서술 방식을 사용해서 '뉴저널리즘^{new journalism}' 이라는 새로운 지평을 열었다.

당시 테일즈는 시나트라와 인터뷰를 할 수 있길 희망하며 LA 로 향했으나 전설적인 가수 시나트라는 컨디션이 좋지 않았고 인터뷰에 응하길 꺼렸다. 그래서 테일즈는 시나트라 주변 인물 100명 이상과 이야기를 나누면서 먼발치에서 전설적 가수를 관찰하는 방법을 선택했다. 이를 통해 테일즈는 전성기 시절 시나트라의 미묘한 매력이 담긴 일상의 순간을 무수히 마주할 수 있었다.

예를 들자면, 이런 글이다. '감기에 걸린 시나트라는 물감이 없는 피카소, 연료가 없는 페라리 혹은 그보다 더 좋지 않은 상태다. 평범한 감기에 시나트라는 보험도 들 수 없는 보석 같은 목소리를 빼앗겼고 자신감의 중심부를 관통당했다. 이는 시나트라에게 심적 영향을 미쳤을 뿐만 아니라 그를 위해 일하고, 그와 술잔을 기울이고, 그를 사랑하고, 자신들의 안녕과 안정을 위해 그에게 기댔던 많은 이들 사이에서 일종의 신체적, 정신적 감기 증세를 유발한 듯하다. 감기에 걸린 시나트라는 좁은 의미에서는 연예계 전반을 흔들리게 하고, 더 넓은 의미에서는 미합중국의 대통령과 같은 인물도 갑자기 아프게 만들어 나라 경제를 뒤흔들

수 있다.'

훌륭한 스토리다. 읽는 즉시 마음을 사로잡혀 끝까지 읽게 된다. 하지만 내가 테일즈에게 반한 점은 바로 그가 가장 좋아하는 기사는 이 시나트라 기사가 아니란 사실이다. 오히려 그는 《에스콰이어》에 실린 그의 첫 번째 프로필인 '미스터 배드 뉴스Mr. Bad News'라는 제목의 기사를 꼽는다. 테일즈는 잘 알려지지 않았지만 꾸준히 부고 기사를 쓰는 기자의 이야기를 5000단어의 프로필 기사로 다루었다.

성공한 작가가 되기 위한 테일즈의 황금 규칙 중 하나는 지적 호기심을 기르는 것이다. 테일즈는 언제나 '평범한 모든 사람'의 이야기가 지닌 가치를 이해했으며, 《뉴욕 타임스》 근무 초기, 평범한 사람들의 이야기에 생명을 불어넣기 위해 노력했다.

"비둘기에게 먹이를 주는 사람과 마주치려고 길거리를 돌아다녔습니다. 문지기, 버스 기사, 이 도시에 섞여 생활하고 있는 모든 사람에 관한 글을 쓰기 시작했습니다. 과연 그들의 삶은 어떨지 궁금했죠."

테일즈는 모든 사람이 명예나 업적의 측면에서 중요한 인물이 될 필요는 없다고 말한다. **우리는 모두 스토리를 지니고 있기 때문이다.** 여러분이 집중한 상태로 시간을 들여 질문하고 귀를 기울인다면, 가장 평범해 보이는 개개인에게 숨겨진 가장 특별한 이야기들을 발견할 수 있을 것이다.

"당신이 잘 알려지지 않은 사람이고 무명의 인물과 마찬가지거나 사람들에 대해 궁금해하는 삶을 살고 있다면, 그 사실이 제게 큰 감동으로 다가오고 제 안에 큰 반향을 일으킵니다"라고 테일즈는 말한다.

궁극적으로 우리는 모두 평범한 사람이지만 특별한 이야기를 들려줄 힘을 지녔다. 여기서 필요한 건 함께 살아가는 사람들에 대한 진정한 호기심뿐이다. 거기에 바로 가장 풍부하고 흥미로운 디테일이 숨어 있다.

앞서 소개했던 사진작가 스탠턴은 길에서 처음 보는 사람을 만나면 다음의 세 가지를 질문한다. **첫째, "당신의 가장 큰 어려움은 무엇입니까?" 둘째, "당신의 인생은 기대했던 것과 얼마나 다르게 전개되고 있습니까?" 셋째, "당신이 가장 죄책감을 느끼는 것은 무엇입니까?"**

상대의 약점을 잡으려는 게 아니라, 상대가 처한 현재 상황에 온전히 집중한 진정한, 호기심으로부터 우러나오는 질문이다. 내 대학 시절 교수님이 내가 이해하길 바랐던 부분이 바로 이것이다. 좋은 질문을 하라, 그러면 좋은 스토리를 얻을 것이다. 그리고 이 장의 서두에서 소개한 아이라 글래스의 말을 기억하라. "위대한 이야기는 그 이야기를 할 수 있는 사람에게서 생겨난다."

- ### **<로저스 씨의 이웃**Mister Rogers' Neighborhood**> 진행자 프레드 로저스**

대단한 제스처, 화려한 저녁 식사, 상과 영예. 프레드 로저스Fred Rogers는 이 중 그 어느 것도 "영혼의 양분이 되지 않는다"라고 말했다. 한 고등학생이 그에게 이런 질문을 한 적이 있다.

"미국 역사상 가장 위대한 사건이 뭐라고 생각하세요?"

이 질문에 로저스는 아무 말도 할 수 없었다. 대단하다고 할 것 없이 아주 단순한 답이었기 때문이다(누군가가 자신에게 깊은 마음의 상처를 준 사람을 용서했는데, 그로 인해 역사 전체의 흐름이 바뀌어 버리는 경우와 같다).

"정말 중요하고도 '위대한' 건 인생이라는 드라마의 중앙 무대가 아니라, 항상 무대 '양옆에' 존재합니다"라고 그는 말했다.

"그것이 바로 화려하고 피상적인 것보다, 겸손하고 깊이 있는 것에 마음을 두고 그것을 잊지 않는 게 중요한 이유입니다."

숨은 재능을 발굴하는 일상의 실천

- 여러분 자신에 관한 스토리를 만들되 다른 인물들의 관점에서 이야기해 보라. 여러분의 문제를 바라보는 여러 관점을 발견할 수 있고 보이지 않던 부분을 파악할 수 있다.

- 여러분이 항상 인생의 주인공은 아니다. 다른 사람의 스토리 속에서 조연 역할을 하는 것도 중요하다.

- 매력적인 스토리텔링의 비결은 갈등에 있다. '그러나', '제외하고', '그리고 그 후'라는 말을 사용해서 갈등을 찾아보라. 그리고 갈등에 의도를 더해 의미를 부여하라. 여러분이 들려주는 이야기 속 사람들의 동기는 무엇인가?

- 사람들이 재미없는 이유는 여러분이 잘못된 질문을 하기 때문이다.

- 여러분 스토리의 플롯이 X가 Y로 이어지고, 이에 따라 Z로 이어지는 순차적 행동으로 구성되도록 해 가속도와 긴장감을 형성하라.

- 관객을 대상의 딜레마 속으로 데려오라. 그러면 관객은 원치 않더라도 그 딜레마에 공감하게 될 것이다.

- 만약 여러분에게 호기심과 인내심이 있다면 평범한 장소에 웅크리고 숨어있는 특별한 이야기를 발견할 수 있을 것이다. 사람들에게 그들의 가장 큰 어려움이 무엇인지, 그들의 인생이 예상과 달리 어떻게 전개되었는지, 무엇에 가장 죄책감을 느끼는지 물어보라.

창의성을 위해 위험을 감수하려면 당연히 정신적 강인함이 어느 정도 요구된다. 하지만 강한 정신력을 마스터하는 데에도 몇 가지 창의적인 방법이 존재한다. 바로 다음 장에서 살펴보도록 하자.

5장

미각을 잃은 셰프는
어떻게 미슐랭 3스타를 받았을까

여러분이 가장 창의적이라고 생각하는 사람을 떠올려보자. 무엇이 그 사람을 창의적으로 만드는 걸까? 수세기 동안 대다수는 창의성이란 우리가 통제할 수 없는 외부 요인에서 기인한다고 오해해 왔다. 창의성은 소수의 사람만이 지닌 재주나 재능 혹은 설명 불가한 천재성이라고 말을 들어보았을 것이다.

하지만 **실제로 창의성은 하나의 기술이다.** 그리고 여느 다른 기술과 마찬가지로, 학습이 가능하다. 창의성은 그저 새로운 아이디어를 창출하고, 오래된 문제를 해결할 새로운 방식을 찾아내며, 독창적인 작품을 만드는 능력에 가깝다.

창의성이 개념적으로 이런 의미라면, 실제로는 어떤 형태로 발현될까? 저자가 수년간 연구한 창의적 인물 중 당장 떠오르는 인물은 그랜트 애커츠Grant Achatz다. 그는 설암으로 미각을 잃었음에도 미슐랭 3스타를 받은 세계 최고의 레스토랑을 키워낸 혁신적인 셰프다.

나는 그의 이야기를 통해 우리가 창의성을 잘못 이해하고 있었음을 깨달았다. 아이디어 구상은 절대 어렵지 않고, 획기적이고 창의적인 행동은 엄청난 실패로 오해받기 일쑤며, **성공은 되레 소리 없이 창의성을 죽여버리는 '조용한 킬러'가 되는 경우가 많다.**

"저는 종종 창의적이라는 건 자기 주변 환경에 대해 잘 인지하고, 거기서 얻은 자극을 하나의 특정 매개체로 표현하는 것일 뿐이라고 말합니다. 제게 그 매개체는 요리와 다이닝이고요."

애커츠는 음식을 통해 레스토랑을 찾는 손님들로부터 호기심, 경탄, 혼란스러움을 이끌어낸다. 애커츠와 다른 창의적 천재들의 이야기가 우리의 잠재된 창의성을 발휘하는 데 어떻게 도움을 줄 수 있을지 살펴보자.

1

응시하면
연결고리가 보인다

시카고에 있는 애커츠의 레스토랑인 알리니아^{Alinea}에 식사를 하려고 앉아 있다고 상상해 보자. 평범한 접시는 잊어버려라. 여러분의 음식은 한 폭의 대형 그림과도 같은 식탁보 위에 올려질 것이다. 토마토라고 생각하고 집어 먹었는데 딸기 맛이 나고, 코스의 마무리는 둥둥 떠다니는 풍선인데 먹을 수 있을 것이다.

알리니아에서의 식사는 단순히 식사가 아니다. 매일 밤, 손님들의 마음을 사로잡기 위해 정교하게 고안된 마법과 미스터리적인 요소가 가득한 하나의 퍼포먼스다. 이와 같은 경험은 레스토랑의 크리에이터, 그랜트 애커츠가 스스로 이런 질문을 던졌기에 가능했다. 누가 음식은 예술이 될 수 없다고 했는가? 애커츠는 미국에서 가장 창의적이며 최첨단을 달리는 셰프 중 한 명으로 꼽힌다. 그의 창의성은 형식을 탈피하고 정교하게 만들어낸 그의 요리 그 이상의 영역으로 뻗어나가 있다. 착시를 불러일으키는 알리니아의 복도에 들어서는 순간, 애커츠의 창의적 공간은 시작된다.

애커츠가 알리니아의 문을 연 것은 20년 전으로, 이 레스토랑은 2018년 럭셔리 여행 잡지《엘리트 트래블러Elite Traveler》에서 세계 최고의 레스토랑으로 선정되기도 했다. 3분의 1은 실험적 요리의 공간, 3분의 1은 감각을 위한 공간, 나머지 3분의 1은 퍼포먼스를 위한 공간이 알리니아의 정체성이다. 열일곱 개에서 열아홉 개 사이의 요리로 구성된 코스가 차례로 서빙되며, 코스 구성은 한 권의 책에 여러 개의 장이 존재함으로써 갖는 효과를 구현하고자 했다. 지난 몇 년간 알리니아를 상징하는 요리로 꼽힌 것은 육두구 향을 입힌 베개, 폭발적인 맛의 블랙 트러플, 그리고 헬륨을 채워 둥둥 뜨게 만든 풍선 디저트다.

애커츠는 손님들의 미각적 경험에 도전하고 감성을 자극하기 위해 놀라움, 질감, 풍미, 향기 등의 요소를 불어넣는다. 요리라기보다는 마법에 가까운 행위로, 여기에는 요리의 디자인적 요소도 빠질 수 없다.

"우리는 요리에 더해지는 감성이 맛에 풍미를 더하는 양념과 같은 역할을 한다고 생각합니다. 소금, 설탕, 식초를 더하는 것처럼 향수를 더하는 거죠. 사람의 마음을 움직일 수 있다면, 그건 더는 단순한 식사가 아닙니다. 그 이상의 또 다른 것이죠."

애커츠는 넷플릭스^{Netflix} 시리즈인 《셰프의 테이블^{Chef's Table}》에 피소드에 출연해 이렇게 말했다. 여기서 애커츠가 말한 '뭔가 다른 것'은 그의 머릿속에서 소용돌이치듯 솟아오르는 독특한 아이디어들로부터 비롯하는 경우가 많다. 그렇다면 애커츠는 이런 아이디어를 대체 어떻게 떠올리는 걸까? 그 답은 바로 '음식의 만화경'을 통해 세상 바라본다는 데 있다.

다시 말해, 그의 아이디어는 전혀 예상치 못한 곳에서 나온다. 라디오에서 흘러나오는 노래를 듣거나, 땅으로 떨어지는 나뭇잎을 보거나, 미술관에서 대형 회화 작품을 보는 등의 경험이 아이디어의 원천이 된다. 애커츠는 이렇게 말한다.

"아이디어는 쉴 새 없이 쏟아집니다. 식당을 찾는 손님들에게 그 아이디어를 전달하는 방법을 찾아내는 건 우리 몫이죠."

한번은 애커츠가 록밴드 레이지 어게인스트 더 머신^{Rage Against the Machine}의 음악을 듣고 있었다. 그는 문득 그런 스타일의 음악에 자신이 왜 그토록 끌리는지 궁금해졌다. 고점과 저점을 넘나드는 박자를 탐구하던 그는 스스로에게 이런 질문을 했다.

"다이닝이라는 경험이 지닌 단조로움을 어떻게 깨뜨릴 수 있을까?"

그는 저점에서부터 가파르게 클라이맥스로 치닫는 레이지 어게인스트 더 머신의 음악을 반영한 테이스팅 메뉴를 짜기 시작했다.

또 다른 일화로, 한 고객이 애커츠가 준비한 요리에 감사를 표하기 위해 알리니아의 주방을 방문한 적이 있었다. 애커츠는 자신에게 이야기하던 고객의 귀에 걸린 빨간 비즈 귀걸이의 흔들림에 주목했다. 그날 밤, 그는 종이 한 장을 꺼내 새로운 요리에 대한 아이디어를 스케치했다. 그는 뭔가 빨간색이 가미된 식자재를 사용해 먹을 수 있는 줄을 만들고 싶었다.

이처럼 애커츠는 다른 분야에서 아이디어를 차용하는 경우가 잦기 때문에, 알리니아는 4개월마다 완벽히 새로운 레스토랑으로 탈바꿈한다. 새로운 메뉴, 새로운 장식으로 새로운 경험을 선사한다. 이런 철학은 알리니아의 DNA에도 각인되어 있다. 알리니아라는 이름도 새로운 단락의 시작을 의미하는 라틴어 구절인 '아 리네아ª linea'에서 가져왔다. '새로운 사고 흐름의 시작'을 상징하고자 지은 레스토랑의 이름인 것이다. 매력적인 예시로 들릴 수 있겠지만, 사실 애커츠의 아이디어 발상법이 완벽히 새로운 것은 아니다.

1500년대, 르네상스 시대의 미술가인 레오나르도 다빈치 Leonardo da Vinci는 '연결되지 않은 것을 연결하기'라고 부르던 방식을 사용해서 전혀 관련이 없는 두 가지 대상 사이의 연결 관계를 찾아내고자 했다.

다빈치는 물감을 잔뜩 묻힌 스펀지를 벽에 던진 뒤, 벽에 남은 물감 얼룩의 모양을 바라보며 그 안에서 새로운 아이디어를 찾으려고 노력하기도 했다. 잘 알려진 다른 일화로는, 다빈치가 우물가에 서 있다가 근처 교회 탑의 종이 울리는 동시에 돌이 물에 떨어지는 모습을 목격했다는 이야기가 있다. 다빈치는 돌이 일으킨 파장이 퍼지다가 사라진다는 것을 알아차렸다. 물의 파장과 종소리라는 두 가지에 동시에 집중함으로써 그 안에서 연결고리를 찾아, 소리가 파장을 통해 이동한다는 사실을 발견한 것이다.

다빈치는 두 가지 별개의 정보가 입력되면, 그 둘이 아무리 다르다 하더라도 인간의 뇌는 자연적으로 둘 사이의 연관 관계를 찾아낸다는 사실을 발견했다. 즉, 일정 시간 동안 두 가지 대상에 집중한다면, 상관관계가 보이고 결국 새로운 아이디어를 생성할 연결고리가 만들어진다는 원리다. 다빈치는 이런 말을 남기기도 했다.

"때때로 잠시 멈춰 서서 벽의 얼룩이나 타고 남은 잿더미, 구름, 진흙, 아니면 어떤 공간을 가만히 살펴보는 일은 결코 어려운

때때로 잠시 멈춰 서서
벽의 얼룩이나
타고 남은 잿더미, 구름,
진흙, 아니면
어떤 공간을
가만히 살펴보는 일은
결코 어려운 일이 아니다.
그리고 그 속에서
놀라운 아이디어를
발견할 수 있을 것이다.

― 레오나르도 다빈치

일이 아니다. 그리고 그 속에서 놀라운 아이디어를 발견할 수 있을 것이다."

레오나르도 다빈치가 설명한 바와 같은 확산적 사고는 현재 신경 과학 연구계가 지지하는 개념이다. 로저 E. 비티Roger E. Beaty 는 『크리에이티브 브레인The Creative Brain』의 저자이자 펜실베이니아 주립 대학교 소재의 '창의성 인지 신경 과학 연구소Cognitive Neuroscience of Creativity Lab'의 소장으로, 뇌 영상법을 활용한 다양한 행동 실험을 통해 창의성 측정에 힘써왔다.

그중 한 실험에서 그는 '신발'과 '문' 혹은 '노 젓는 배'와 '앵무새'같이 무작위로 고른 단어의 짝을 실험 참가자들에게 주고, 두 단어가 서로 얼마나 연결되어 있는지 점수를 매겨달라고 했다. 그 결과, **더 창의적인 사람일수록 서로 관련 없는 아이템들 사이에서 연결고리를 찾아내는 능력이 더 뛰어났다.**

비티 소장은 창의성에 필요한 공통적 요소는 과학자이건 예술가이건 관계없이 '유연한 사고 및 연결을 만드는 능력'이라고 꾸준히 이야기했다. 오늘날의 또 다른 창의적 천재 중 한 명인 스티브 잡스Steve Jobs는 1996년, 《와이어드WIRED》와의 인터뷰에서 이런 대답을 하기도 했다.

"창의성이란 그저 여러 가지를 연결하는 행위일 뿐이다. 창의적인 사람들에게 대체 어떻게 그런 일을 할 수 있었느냐고 물으면 그들이 살짝 죄책감을 느낄 정도다. 그들은 뭔가를 실제로 했다기보다는 그저 뭔가를 보았기 때문이다. 어느 정도 시간이 흐르면 그 뭔가가 그들에게 명백하게 보인다. 그들에게는 경험한 바를 서로 연결해 새로운 것을 만드는 능력이 있기 때문이다."

- **<인셉션>, <메멘토>, <다크 나이트 3부작>의 감독,**
  크리스토퍼 놀란

크리스토퍼 놀란Christopher Nolan 감독이 만든 영화의 구조는 '셰퍼드 음Shepard tone'이라 불리는 음악적 구성을 따른다. 음계상에서 음들이 계속해서 올라가는 형태로 구성된 셰퍼드 음은 사실은 착청 현상으로 음이 끊임없이 올라간다는 착각을 불러일으킨다. 놀란 감독의 거의 모든 영화에서 들어본 적이 있는 음악적 구성이지만, 영화 속 스토리 진행에 적용된 것을 느껴본 사람도 있을 것이다. 놀란 감독은 한 인터뷰에서 이렇게 말하기도 했다.

"시나리오를 쓸 때도 셰퍼드 음 구성을 적용하고 싶었습니다. 세 개의 스토리 라인을 잘 엮어서 하나의 아이디어가 점점 더 강렬해지도록 할 수 있을까요?"

- **아틀리에 크렌의 오너 셰프, 도미니크 크렌**

  아틀리에 크렌Atelier Crenn이라는 레스토랑을 운영하는 도미니크 크렌Dominique Crenn은 새로운 요리의 아이디어를 '늘 주방을 벗어난 곳'에서 찾는다. 크렌은 미술관을 걷거나, 숲속에서 산책을 즐기거나, 수영장 옆에서 쉬다가 아이디어를 떠올린다. 한번은 그녀가 샌프랜시스코 부에나 비스타 공원에서 그녀의 친구와 함께 개를 산책시키고 있었다.

  거위나 오리에게 강제로 먹이를 먹여서 키운 간으로 만든 요리인 푸아그라를 캘리포니아주에서 곧 금지한다는 소식에 관해 이야기하고 있었는데, 나무에 있는 새 둥지가 눈에 들어왔다. 그녀는 푸아그라를 사용하지 않는 메뉴를 새롭게 개발해야 한다는 걸 알고 있었다. 새의 둥지에 영감을 받은 크렌은 재고로 남아 있는 푸아그라로 흙을, 옥수수수염으로 둥지를, 옥수수알갱이로 새의 알을 형상화한 요리를 떠올렸다. 그리고 새로운 시작을 대표할 그 요리의 이름을 '탄생Birth'이라 지었다. 여러분 주위를 둘러싼 세상을 관심 있게 바라보라. 등잔 밑에 훌륭한 아이디어가 숨어 있을지 모른다.

창의력은 영감이 아닌 엉덩이 싸움이다

예부터 사람들은 창의성이란 신이 부여한 것이라 말하곤 했다. 오늘날 창의성에 대해 논할 때 그들은 '뮤즈(여전히 신성에 뿌리를 둔 표현으로 고대 그리스신화 신인 뮤즈 혹은 영감의 여신에서 유래함 - 옮긴이)'에 대해 이야기한다. 하지만 스티븐 킹Stephen King은 그의 회고록, 『유혹하는 글쓰기』에서 이런 말을 남겼다.

"뮤즈가 있긴 하지만, 당신이 글을 쓰고 있는 방으로 날개를 펄럭이며 내려와 타자기나 컴퓨터 화면 위에 마법의 창의성 가루를 뿌려주진 않는다. 뮤즈는 땅에 있고, 사람으로 치자면 지하실에 틀어박힌 녀석이라 그가 있는 층까지 내려가야 한다. 일단 거

뮤즈가 있긴 하지만,
당신이 글을
쓰고 있는 방으로
날개를 펄럭이며
내려오진 않는다.
뮤즈는 땅에 있고,
사람으로 치자면
지하실에 틀어박힌 녀석이라
그가 있는 층까지
내려가야 한다.

— 스티븐 킹

기 도착하면 당신은 뮤즈가 살 수 있도록 아파트를 마련해 주어야 한다.”

다시 말해 '**뮤즈가 있다, 신이 내린 능력이다, 마법이다 하는 이야기는 창의성을 키우기 위해 겪어야만 하는 힘든 일을 피하고자 꾸며낸 이야기**'일 뿐이다.

애커츠가 요리업계의 한계를 뛰어넘도록 밀어붙인 덕에 알리니아는 세계 최고의 레스토랑으로 인정받게 되었다. 애커츠는 성취감을 느꼈고 크게 만족했다. 이제 그는 열 살 때부터 꿈꿔오던 삶을 살고 있었다.

그런데 전혀 생각조차 못 했던 일이 벌어졌다. 2018년, 애커츠가 설암 4기를 판정받게 된 것이다. 알리니아의 천재적 셰프는 이제 맛보는 능력을 상실하고 말았다.

“켜져 있던 전구가 꺼지고 말았지만, 저는 자신에게 이렇게 말했습니다. '맛보는 능력이 없는 셰프가 될 수 있다는 생각이 평생 처음으로 들기 시작했어.' 왜냐하면 모든 건 여기 있으니까요.”

애커츠가 자기 머리를 가리키며 말했다.

“여기가 아니라.”

이번에는 입을 가리키며 이렇게 덧붙였다. 그게 정말 사실일까? 창의성에 도달하는 방법을 머리로 생각할 수 있을까? 맛을 보는 능력을 상실한 애커츠가 직접 실험하는 수밖에는 없었다.

애커츠는 '플레이버 바운싱flavor bouncing'이라는 방법을 고안했다. 종이를 한 장 꺼낸 다음, 중앙에 주제가 되는 한 가지 재료를 쓰고 주변에 커다란 원을 그린다. 애커츠는 요리 전체의 느낌을 결정하는 이 재료를 '핵심 재료focal ingredient'라고 부른다. 그다음, '위성 재료satellite ingredient' (혹은 보완 재료) 하나하나마다 선을 그려서 핵심 재료와 연결한다.

이 창의적인 방법을 전체적으로 아우르는 아이디어는 핵심 재료가 다른 모든 부재료와 상호보완적이어야 하며, 각 부재료는

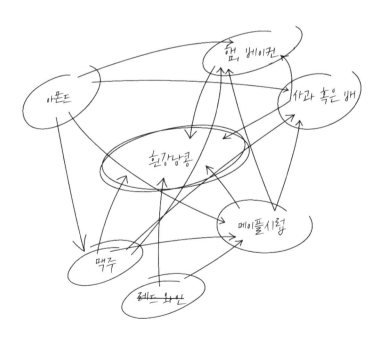

적어도 하나의 다른 부재료와 반드시 상호보완적이어야 한다는 규칙이다. 이 방법을 통해 서로 어우러지지 못하고 충돌하는 재료 하나 때문에 요리 전체를 망치는 일을 방지할 수 있다.

예를 들어, 핵심 재료가 흰강낭콩이라고 하자. 흰강낭콩과 잘 어울리는 재료는 무엇일까? 애커츠는 원 하나를 그려 '베이컨'을 적을 것이다. 그리고 원 하나를 더 그려서 '사과'라고 쓰고, 또다시 원 하나를 추가해서 '메이플시럽'을 더할 것이다. '맥주'라는 원을 그리면서 애커츠의 머릿속에서 이런 내적 대화가 이루어진다.

"기네스가 흰강낭콩과 어울릴까? 물론. 다들 돼지고기와 콩 요리에 맥주를 마시니까."

"맥주가 메이플시럽과 어울릴까? 당연하지. 메이플시럽으로 만든 맥주도 있으니까."

"맥주가 사과와 어울릴까? 물론이지. 사과를 안주로 맥주를 마실 수 있으니까."

"그렇다면 맥주가 베이컨과 어울릴까? 음, 베이컨은 모든 재료에 잘 어울리니, 당연히 맥주와 베이컨도 마찬가지일 거야."

만약 애커츠가 레드 와인을 추가한다면 어떨까? 레드 와인은 여러 위성 재료와 어울리지 않기 때문에 충돌하는 재료로 인식된다. 최종적으로 그려진 그림은 마치 지구를 중심으로 한 궤도를 따라 도는 무수한 인공위성의 모습을 보는 듯하다. 애커츠가 고안한 이 방법은 논리에 뿌리를 둔 창의적 방식이다.

암 진단 후, 맛을 보지 못하는 셰프 애커츠는 알리니아가 요리 업계의 선두를 유지할 수 있는 새로운 방법을 찾아내야 했다. 몇 달 간격으로 새로운 테이스팅 메뉴를 만들며 살아가던 셰프로서 애커츠는 자신의 뮤즈가 번뜩이며 도착하기만을 하염없이 기다릴 수 없었다. 결국, 그는 세계 최고의 크리에이터들은 창의력이라는 타고난 '재능'이 있다는 관념 자체를 해체했다. 그의 일화만 봐도 **창의력이란 잠깐 동안 이어지는 영감의 순간이라기보다는 지속적인 훈련을 통해 키울 수 있는 근육에 가깝다.**

"사람들은 창의적인 과정이 로맨틱하다고 믿고 싶어 합니다. 밤이 되어 스르르 잠이 들었던 예술가가 무의식 속에 놀라운 아이디어를 떠올리면서 이 아이디어가 메아리처럼 울리는 소리에 잠에서 깬다는 믿음이죠. 하지만 적어도 제게는 **진정한 창의력이란 주로 노력과 연구로 일궈낸 성과**였습니다."

사람들은
창의적인 과정이
로맨틱하다고
믿고 싶어 합니다.
하지만 적어도 제게는
진정한 창의력이란
주로 노력과 연구로
일궈낸 성과였습니다.

— 그랜트 애커츠

• 시나리오 작가, 영화감독, 극작가 아론 소킨

아론 소킨^{Aaron Sorkin}은 규칙을 통해 창의성이 늘어난다고 믿는다. 여기에는 미묘한 뉘앙스가 담겨 있다. 반드시 규칙을 따라야 한다기보다는, 규칙을 이해해야 한다는 의미의 차이다. 아론 소킨이 생각하는 스토리텔링의 바이블은 연극의 규칙에 관해 서술한 아리스토텔레스의 『시학』이다. 창의적 영감을 떠올리기 위해 규칙과 구조를 지켜야 한다고 하면 비직관적으로 들릴지도 모르겠다.

하지만 소킨은 모든 영화에 전형적으로 존재하는 요소들을 배우고 나면, 그제야 그 요소들을 해체해서 자유자재로 다루고 재배치할 수 있다고 생각한다. 즉, 규칙에 대해 알고 있을 때만 그 규칙을 어길 수 있다. 소킨이 말한 바와 같이, 예술은 기본적으로 어느 정도 규칙을 따르고 있기에 아름다운 것이다. 반면, 손가락으로 그린 그림은 전혀 틀이 갖춰지지 않은 자유로움이 작용한 결과물이다.

• 쇼 러너, 제작 책임자, 작가 숀다 라임스

숀다 라임스^{Shonda Res}는 〈그레이 아나토미^{Grey's Anatomy}〉, 〈스캔

들Scandal〉, 〈범죄의 재구성How to Get Away With Murder〉 등 큰 사랑을 받은 TV 쇼를 제작했다. 라임스의 숨은 천재성은 라임스가 창의성을 만들고 나아가 늘리는 방법을 터득했다는 점에 있다. 라임스의 창작 과정은 대화 한 줄을 떠올리는 것에서 시작한다. 그 대화를 어딘가에 적거나 다른 사람들과 공유하기 전에, 그녀는 어느 정도 시간을 두고 마음속에서 그 대화가 익기를 기다린다. "대본, 책, 어떤 것이든 내가 무엇을 쓸지 진정으로 알기 전까지는 종이에 펜을 절대 대지 않습니다. 실제 글을 쓰기 시작하면 아주 빠르게 진행됩니다. 1년 동안 생각하던 내용을 단 3일 만에 써 내려갈 수도 있습니다."

숀다 라임스가 로스앤젤레스에서 열린, 서밋 LA17Summit LA17에서 한 말이다. 과학자들이 창의력 배양creative incubation 이라 부르는 이 과정은 뇌가 어떤 문제(줄거리가 될 만한 이야기 등)를 접하기 전에 거치게 되는 과정을 의미한다.

연구에 따르면, 여러분의 집중력이 다른 일을 처리하는 데 사용되고 있을 때도 **여러분의 뇌는 원래 문제의 해결책을 찾기 위해 무의식적으로 일하고 있다. 이것이 바로 많은 사람이 운동, 샤워, 운전 등 기계적으로 이루어지는 일상의 활동을 하던 중에 갑자기 창의적인 아이디어가 떠오르는 경험을 하는 이유다.**

실패했기에
성공할 수 있다

독창적인 작품을 만든다는 건 무슨 의미일까? 여기서 말하는 독창적 작품이란 획기적이고, 가슴이 터질 듯 놀라우며, 혁신적인 작품이다. 2019년 참석한 한 컨퍼런스에서 나는 작가 팀 어번^{Tim Urban}의 기조연설을 들었다. 그는 사회적 통념이 존재하는 현실에서 진정으로 독창적인 일을 하기가 얼마나 어려운지 이야기했다.

"뭔가 진정으로 독창적인 걸 만들려고 노력할 때 우리는 엄청나게 많은 실수를 하게 됩니다. 독창적인 것이야말로 엉망진창이죠."

어번이 말했다. 어번은 총 네 편에 걸쳐 일론 머스크^{Elon Musk}(청정에너지 미래를 개척하고, 화성에 식민지를 건설하며, 로봇이 인간을 지배하지 않도록 막으려 애쓰는, 여러분이 생각하는 바로 그 사람)에 대해 심층 분석하는 글을 쓰기도 했다. 어번은 머스크의 사고방식과 대부분의 일반적인 사람이 생각하는 방식 간 차이점을 전문적인 셰프와 요리사의 차이에 빗대어 설명했다.

"제가 셰프라고 말할 때는 평범한 셰프를 의미하지 않습니다. 새로운 길을 개척하는 셰프, 레시피를 발명하는 셰프를 말합니다. 그 외 주방에 출입하는 모든 사람, 레시피를 따라 하는 사람은 요리사인 거죠."

셰프는 기본 원칙들을 토대로 생각하지만, 요리사는 이미 나와 있는 레시피의 일부 버전을 활용한다. 애커츠가 일론 머스크와 근본적으로 다른 업계에 있음에도 그와 머스크는 공통점이 많다. 두 사람 모두 다른 사람들이 따르는 레시피를 발명한다.

하지만 여기 진정으로 독창적인 뭔가를 한다는 것에 대한 함정이 있다. 독창적인 것은 때때로 제대로 정리되지 않은 상태인 경우가 있어 비난에 취약하며 특히 현재 그 업계의 종사자들로부터 비판을 받을 수 있다.

알리니아가 문을 연 지 일주일 뒤, 《뉴욕 타임스》에 알리니아에 대한 평론이 실렸다. 한 셰프가 애커츠와 그의 여러 동료를 일컬어 '애들 장난'이나 '애들이 하는 헛소리' 같은 일을 하고 있다고 말했다. 《뉴욕 타임스》의 음식 평론가는 알리니아에서 네 시간 반에 걸쳐 한 다이닝 경험은 사람을 진 빠지게 했으며 알리니아의 요리법은 '무의미할 정도로 이상했다'라고 말했다. 애커츠는 예상 밖의 반응을 보였다.

"누구든 절 비난하는 사람이 있다면 저는 그 즉시 그 사람의 말이 옳다고 가정하고 시작합니다."

2015년 《에스콰이어Esquire》에 실린 애커츠의 말이다. 왜 그러는 걸까?

"뭔가 잘하지 못했단 소리를 듣기 좋아하는 사람은 아무도 없습니다. 당신이 누구이든 관계없습니다. 그런 말을 듣길 좋아한다고 한다면, 완전 거짓말이죠. 하지만 결국 가장 중요한 사실은 비평을 객관적으로 바라보기 위해선 당신 자신과 당신의 팀에 대해 충분한 자신감을 가져야 한다는 겁니다."

비난이 부분적으로 맞을 수 있다고 인정하는 단순한 행동만으로도 여러분은 끊임없이 배우고, 잊고, 고치고, 수정하고, 새로운 아이디어를 만들어내며, 궁극적으로는 존경을 얻을 수 있다.

하지만 여전히 의문이 남는다. 독창적이면서도 진정 혁신적인 일은 어떻게 해낼 수 있을까? 이번에는 애니메이션 산업에 혁명을 일으켰던 인물을 살펴보도록 하자.

에드윈 캣멀Edwin Catmull은 컴퓨터 과학 박사 학위 보유자로 스티브 잡스Steve Jobs, 존 래시터John Lasseter와 함께 1986년에 픽사Pixar 애니메이션 필름 스튜디오를 공동 설립했다. 셋은 전 세계 엔터테인먼트 업계를 뒤흔들 창의적인 모험을 시작했다.

캣멀의 숨은 천재성은 뇌의 창의적인 부분과 논리적인 부분을 모두 사용하는 그의 능력에 있다. 50년의 경력을 쌓는 동안 캣멀은 무수히 많은 컴퓨터 애니메이션 히트작을 탄생시키는 데 도움을 주었다. 그중에는 〈토이 스토리Toy Story〉, 〈니모를 찾아서 Finding Nemo〉, 〈라따뚜이Ratatouille〉, 〈월-EWall-E〉, 〈인사이드 아웃 Inside Out〉도 포함된다. 컴퓨터 과학자로서 캣멀은 알고리즘을 만들었고, 컴퓨터 그래픽에서 중요한 발견을 했으며, 실감 나는 디지털 방식의 영화를 개척하는 데 공을 세웠다.

직관적으로 들리지 않을 수 있겠지만, 캣멀이 거둔 엄청난 성공은 실패하고자 하는 그의 꾸준한 의지 덕분이었다. 픽사가 애니메이션 부문에서 어떻게 잇따라 히트작을 만들어낼 수 있었는지 묻는 말에 캣멀은 이렇게 답했다.

"뭔가 잘된다면, 그건 다시는 해선 안 됩니다. 우리는 새롭고 독창적인 뭔가를 하고자 합니다. 매번 실패할 가능성이 충분한 뭔가를 말이죠."

그는 배울 점이 많은 거대한 실패에 획기적이고 진정한 독창성이 존재한다고 믿는다. 창작 과정에서 캣멀은 영화가 원하는 수준의 품질에 이를 때까지 그의 팀을 격려해 실험하고 실패하고 배움을 반복하도록 한다. 캣멀의 가장 위대하면서도 실용적인 조언은 바로 이것이다.

"엘리베이터 테스트elevator test**에 실패하려고 시도하라."**

대학을 졸업하는 순간, 우리는 엘리베이터를 타는 30초 동안 상사에게 아이디어를 전달하는 능력인 '엘리베이터 피치elevator pitch(투자자와의 첫 만남에 어떤 제품, 서비스, 단체나 특정 사안 등을 소개하는 간략한 연설을 말한다 - 옮긴이)'를 완벽하게 해야 한다는 조언을 듣는다.

이에 반해, 캣멀은 만약 당신이 엘리베이터 테스트를 통과한다면 그 아이디어는 아마도 이전에 나온 아이디어의 파생물일 것이라 말한다. 다시 말하면, 당신의 아이디어는 당신이 생각하는 것만큼 독창적이지 않다는 의미다.

'요리하고 싶어 하는 쥐', '몰래 탄 승객과 함께 풍선을 타고 떠다니는 노인'과 같은 정말 놀라운 아이디어들은 30초 이내로 요약할 순 없지만, 발전을 거듭해서 오스카상을 거머쥐는 픽사 스튜디오의 영화 〈라따뚜이Ratatouille〉와 〈업Up〉이 될 수 있다.

독창적인 크리에이터들은 일반적으로 세 가지 특징을 공통으로 지닌다. 첫째, 세상을 바라보는 독특한 시선이 있다. 둘째로는 야심 찬 목표를 달성할 수 있다는 자신감이 있다. 그리고 마지막으로, **혁신적인 것을 만든다는 목적이 있기에 엄청난 실패를 겪고자 하는 의지가 있다.** 캣멀은 말한다.

"애초에 저희가 조합한 영화는 그야말로 엉망진창이었습니다. 인생의 모든 것이 담겨 있는 것 같았죠. 처음에 뭔가 만들어내면 그건 그야말로 난장판입니다. 때때로 '실패'라는 딱지가 붙기도 하지만, 사실 그런 표현은 사용해선 안 됩니다. 첫 번째 시도가 실패라면 거기서 뭔가를 배우게 됩니다. **유일한 실패는 실패로부터 배우는 게 없어서 발전하지 못하는 것입니다.**"

· **싱어송라이터 테일러 스위프트**

불완전함은 일상적인 일을 독창적인 명작으로 변화시킬 수 있다. 그것이 예술이든 영화든 책이든 관계없이. 사람들은 명확하면서도 완벽한 것보다는 자신들의 머릿속에 맴돌고 있는 잘못된 것에 대해 더 많이 이야기한다.

테일러 스위프트Taylor Swift는 누구보다도 이 점을 잘 이해하고 있다. 그녀가 〈블랭크 스페이스Blank Space〉를 발매한 이후, 사람들은 노래 가사 중에서 "옛 애인들의 긴 리스트를 가져가Got a long list of ex-lovers"라는 부분을 "스타벅스의 모든 외로운 애인들All the lonely Starbucks lovers"이라고 잘못 듣기 일쑤였다. 스위프트는 의도치 않게 노래의 이 불완전한 부분의 덕을 보았다. 그녀의 노래가 9주 연속 1위를 기록하며 오랫동안 많은 사람에게 회자된 이유는 이 불완전함 덕분이었다.

· 밀크 바의 창립자 크리스티나 토시

디저트 업계의 선풍을 일으킨 밀크 바^{Milk Bar}의 창립자인 크리스티나 토시^{Christina Tosi}는 고치고 손보기를 즐긴다. 질감, 풍미, 맛, 냄새를 다양하게 활용하는 그녀의 마음가짐은 '맹렬하게 분석적이고 정밀하다'라고 묘사할 만한데, 그 덕분에 그녀는 마치 과학자와 같은 태도로 자기 일에 임할 수 있었다.

그녀는 특정한 풍미에 이르기 전까지 최종적으로 관찰, 추정, 실험, 분석을 진행한다. 토시의 기준에서 훌륭하다고 볼 정도 수준의 완벽함에 다다르는 데는 몇 시간, 때로는 며칠이 걸린다. 토시는 하나의 목표를 향해 가는 과정에서 성공의 근처에라도 가려면 최소 마흔 번은 실패해야 한다고 말한다.

하지만 완벽주의는 창의성이 지니는 흔한 함정이기에 지나치게 많이 고치게 될 수 있다는 사실도 잊어선 안 된다. 어느 시점이 되면 고치기를 멈추고 세상에 선보여서 피드백을 받아야 한다. 때때로 완벽함에 관한 그녀의 생각이 고객들이 생각하는 완벽함과 같지 않을 때도 있다. 그녀는 이렇게 말한다.

"우리가 배움을 얻는 경우 중 대다수는 실수했을 때입니다. 모든 것이 완벽한 순간에는 배우는 것이 없죠."

숨은 재능을 발굴하는 일상의 실천

- 창의성은 새로운 연결을 만드는 동안. 뜻밖의 대상들을 함께 생각하라.

- 영감이 갑자기 떠오르기를 기다리지 마라. 창의력은 근육이다. 훈련하라.

- 창의성에도 논리적인 과정이 존재한다. 당신에게 맞는 논리 과정을 찾아서 파헤쳐 보라. 평생 활용할 수 있는 자신만의 논리 과정을 만들 수 있을 것이다.

- 틀이 갖춰지지 않은 자유는 진정으로 창의적인 성과를 내는 데의 적이 된다. 규칙을 찾고 배워라. 규칙의 파괴는 그 이후에도 가능하다.

- 기계적인 일상 활동은 창의력 배양의 기회를 제공한다. 당신의 몸이 다른 일을 하느라 바쁠 때도 당신의 뇌는 해결책을 찾기 위해 일하고 있다.

- 진정한 창의성은 실패를 두려워하면 얻을 수 없다. 엘리베이터 피

치의 관점에서 생각하지 마라. 위험을 감수하라.

위험에 익숙해지고 효과적인 결정을 내리더라도 신뢰할 수 있는 비전
이 없다면 아무 의미가 없다. 남들보다 뛰어난 이들은 어떻게 명확한
사고를 갖출 수 있을까? 다음 장에서 살펴보도록 하자.

6장

워런 버핏의 오른팔,
찰리 멍거의 독특한 사고법

여러분은 자신이 믿는 것을 진짜로 믿고 있을까? 그런 마음이 어떻게 하면 바뀔 수 있을까? 2019년, 나는 블랙스톤Blackstone의 CEO 스티븐 슈워츠먼Stephen Schwarzman을 인터뷰한 적이 있다. '대체 투자의 장인'이 라 불리던 슈워츠먼이 운영하던 블랙스톤은 대체 자산에 투자함으로 써 이름을 알렸다. 헤지펀드, 사모펀드, 원자재 등 한때 '비전통적'으로 여겼던 투자 형태가 바로 대체 자산 투자다.

하지만 지금은 대체 자산에 대한 대안도 존재한다. 오늘날, 새로운 무리의 투자자들이 비트코인과 암호화폐 등 디지털 자산에 현금을 쏟 아붓고 있다. 슈워츠먼에게 비트코인에 관한 생각을 물었더니, 이렇게 말했다.

"이해하기가 어려워서 비트코인에는 큰 관심이 없습니다. 제가 자란 세상은 누군가가 화폐를 통제해야만 하는 곳이었습니다."

일리 있는 이야기다. 하지만 그의 대답을 듣고 나는 우리의 배경, 가 족, 직업, 경제적 보상, 정치적 성향 때문에 믿고 있던 모든 것에 대해 다시금 생각하게 되었다. 시간이 지날수록 우리의 믿음이 진화하는 건 당연한 일이다. 그렇지 않은가?

하지만 현실은 다르다. 오늘날의 사회에서 견해를 바꾸는 일은 여러분이 생각하는 것처럼 축하받을 일이 아니다. 정계에서는 쉽게 견해를 바꾸는 정치인으로 낙인 찍힐 것이고, 실제 우리 삶에서는 위선자로 취급받게 된다. SNS에서는 누가 알겠느냐는 식의 태도를 보이는 사용자가 될 것이다.

이러니 우리는 자기가 믿는 바를 고수하게 된다. 그것이 틀렸건 오래되었건 관계없이 밀고 나간다. 왜일까? 우리는 진실보다 사회적으로 수용되고 동질감을 확인하길 훨씬 더 원하고 있기 때문이다. 제임스 클리어는 이런 글을 썼다. **"누군가의 생각을 바꾸도록 설득하는 건 그들이 속한 부족을 바꾸려고 설득하는 과정이나 다름없다."**

여러분의 부족을 바꾸는 일은 엄청나게 힘들지만, 현실을 더 객관적으로 바라보게 하는 가치가 있다. 명확한 사고는 우리가 잘못된 내러티브에 속지 않고, 우리의 자아를 억제하도록 한다. 그리고 가장 중요한 점은 우리 스스로 생각할 수 있게 한다는 것이다.

전설적인 투자자 찰리 멍거Charlie Munger는 자신이 믿는 바의 노예가 되지 않기 위해 '철의 처방전iron prescription'을 활용한다. "어떤 주제에 관해 나와 반대 의견을 지닌 사람들이 제기하는 반론보다 더 나은 반론을 제기할 수 없다면 나는 의견을 말할 자격이 없습니다"라고 멍거는 말한다. "그 수준에 이르러야만 말할 자격이 있다고 생각합니다."

누군가 생각을
바꾸도록 설득하는 건
그들이 속한
부족을 바꾸려고 설득하는
과정이나 다름없다.

— 제임스 클리어

'원래 그랬어요'라는
말과 싸우기

2006년 사라 에드먼드슨Sarah Edmondson은 뉴욕 올버니에서 5일간 열리는 '임원 성공 프로그램executive success program'에 참가하기 위해 400만 원 정도의 돈을 냈다. 워크숍은 NXIVM이라는 자기 계발 업체가 만든 행사로, NXIVM은 자신들에게 에드먼드슨처럼 야망 있는 사람이 개인 생활은 물론 직장 생활에서 더 성공할 수 있도록 돕는 '특허 받은 기술'이 있음을 내세웠다.

전체 5일간의 프로그램 중 3일째 되던 날, 에드먼드슨은 자존감과 믿음의 제한에 관한 강의를 듣다가 '깨달음'을 얻었다. 이후 12년 동안 에드먼드슨은 넥시엄(지도자 키스 래니어리Keith

Raniere를 숭배하는 사이비 종교 집단. 넥시엄 내에는 여성들을 유인해 성 노예로 이용하는 비밀 조직도 실제로 존재했다 – 옮긴이)의 고위 임원 으로 성장해, 밴쿠버에 새로운 지부를 세우는 프로젝트, 신규 회 원 모집, 그룹의 철학을 전파하기 위한 세미나 강연을 담당했다. 그녀는 마침내 찾아 헤매던 바를 얻은 것 같았다. 바로, 목적과 연결이었다.

사실 그녀는 위험한 길을 걸어가고 있었다. 에드먼드슨은 여성 에게 힘을 실어주는 모임의 입회식 일부로, 라틴어로 된 작은 문 신을 하게 되었다. 넥시엄의 다른 여성 회원들과 함께, 넥시엄 조 직 창립자 이름의 이니셜을 낙인으로 새기게 된 것이다.

에드먼드슨은 자신이 속한 조직이 자기 계발 회사라고 믿고 있 었지만, 그 회사의 실체는 여성 지원과 멘토링을 가장해 성매매 를 자행하는 컬트 집단이었다. 그녀는 자기 문신이 창립자 이름 의 이니셜을 뜻한다는 걸 깨달았을 때 "가장 큰 경종이 울렸다" 라고 말한다. 그녀는 넥시엄을 떠났고 조직의 지도층을 범죄자로 고발했다.

에드먼드슨의 이야기는 다소 보기 거북한 다큐멘터리 〈서약The Vow〉에서 상세히 다루고 있다. 이 다큐멘터리를 보고 나는 '인간 마음의 불완전성, 동질감과 신념의 본질이란 무엇일까'라는 생각 을 멈출 수 없었다.

넥시엄 기사를 터뜨렸던 《뉴욕 타임스》 기자 배리 마이어Barry Meier는 이렇게 말했다.

"(이 기사에서) 제가 생각한 요점은 인간으로서 우리가 얼마나 놀라울 정도로 취약할 수 있느냐였습니다. 겉으로 보기에 밝고, 능력과 재능이 있으며, 성공한 사람들조차도 이토록 극심한 취약함을 지니고 있다는 깨달음이었습니다. 그리고 누군가는 그 취약함을 악용할 수도 있고요."

아마 지금쯤 여러분은 이렇게 생각하고 있을 것이다. '아, 제발. 난 절대 그런 덴 안 빠져든다고.' 하지만 여러분 자신에게 질문해보라. 정치든 종교든 심지어는 점성술(퓨 리서치 센터의 연구를 따르면 미국 밀레니엄 세대의 60퍼센트 이상이 환생, 점성술, 심령술을 내포하고 있는 뉴에이지 영성주의를 믿고 있다)에 관한 단체든 관계없이 여러분이 마지막으로 그 단체에 이의를 제기한 적이 언제였던가?

역동적이고 끊임없이 변화하는 세상에서 우리는 불확실성과 싸우는 법을 터득해야 한다. 해답을 찾지 못할 때, 우리는 미래에 대한 불안감을 해소하기 위해 권위의 출처로 눈을 돌리기 쉽다. 넥시엄처럼 권위 있어 보이는 단체나 인물을 바라보게 되는데, 정작 그들은 사람을 조종하는 데 능한 존재일 뿐이다.

모든 컬트 집단에 낙인 의식이 있거나 과도한 권력욕에 빠진 지도자가 있는 건 아니다. 컬트는 우리 주변 어디에나 반향실(소리가 밖으로 나가지 않고 메아리처럼 울리게 만든 방으로, 새로운 정보를 받아들이지 못하고 기존 정보가 돌고 돌며 믿음을 증폭시키거나 강화하는 현상을 의미한다 – 옮긴이)의 형태로 존재하며 우리는 자발적으로 (때때로 타의에 의해) 컬트에 합류하게 된다.

우리 중 다수는 자신의 기존 의견을 공유할 수 있고 재확인해 주는 이들의 아이디어를 흡수한다. 아이디어의 출처는 우리가 신뢰하는 뉴스에서부터 가까이 소통하는 친구까지 다양하다.

많은 경우, 우리는 자신의 신념을 부정하는 증거가 있을 때조차 자기가 선 땅에 더 단단하게 발을 파묻고 있는 스스로를 발견한다. 어리석은 짓인 줄 알면서도 뭔가를 믿어야만 한다는 것을 일컬어 철학자 대니엘 데닛Daniel Dennett은 "믿음에 대한 믿음belief in belief"이라 부른다.

이 현상은 비단 종교나 컬트 집단에만 국한되지 않는다. 우리 일상에도 등장한다. 데닛은 금융 시스템 전체가 전적으로 믿음에 대한 믿음에 달려 있다고 설명한다. 예를 들어, 정치인과 경제학자들은 건전 통화는, 반대 증거를 보여준다고 하더라도 통화가 건전하다고 믿는 사람들에게 달려 있다는 사실을 알고 있다.

왜 이런 일이 일어나는 것일까? 인간의 뇌는 예측 가능하기를 갈망한다는 사실이 큰 부분을 차지한다. 믿었던 아이디어의 출처가 사실은 당신의 의견을 변화시키려 한다는 걸 알게 되면 배신감을 느낀다. 불편감을 줄이기 위해 우리는 어떻게든 모순된 상황을 이해하려 애쓸 것이다.

2008년, 하워드 대학교의 심리학 교수 제이미 바든Jamie Barden은 정치 후보들의 모순된 행동을 사람들이 어떻게 받아들이는지에 관한 연구를 시행했다. 그는 공화당 성향의 학생 절반, 민주당 성향의 학생 절반으로 구성된 그룹에게 마이크라는 가상의 남성이 하는 행동을 평가하도록 했다.

실험에 참가한 학생들은 마이크에 관해 다음과 같은 정보를 받았다. 마이크는 정치 모금 행사를 치른 후, 술을 다소 많이 마시고 집으로 돌아오는 길에 차를 들이받았다. 사고 한 달 후, 마이크는 라디오 방송에 출연해 청취자들에게 누구도 음주운전을 해선 안 된다는 발언을 한다. 마이크의 행동은 두 가지로 해석할 수 있다.

1. 마이크는 위선자다.
2. 마이크는 자신의 실수로부터 배워서 성장했다.

그렇다면 제이미 바든 교수의 실험 참가자들은 마이크의 행동을 어떻게 평가했을까? 여기에 중요한 디테일이 있다. 실험 진행 기간 절반 동안에는 학생들에게 마이크를 공화당 성향의 인물로,

나머지 절반 동안에는 민주당 성향의 인물로 묘사했다.

마이크가 실험 참가자 자신과 정치적 성향이 같다고 묘사될 때, 참가자 중 오직 16퍼센트만이 그를 위선자로 평가했다. 하지만 정치적으로 반대 성향인 인물로 묘사된 경우엔, 참가자의 40퍼센트가 그를 위선자로 판단했다.

다시 말해, 누군가 예상치 못한 행동을 한다고 해서, 우리는 우리의 신념을 바꾸진 않는다. 단순히 상대 행동에 대한 해석을 바꿔서 기존 신념에 맞도록 한다.

심리학자 필립 테틀록Philip Tetlock은 정치 세계는 두 그룹의 사람으로 나눠진다는 결론을 도출한 연구자로 유명하다. 테틀록은 두 그룹을 각각 여우와 고슴도치(여우는 많은 걸 알고 있지만 고슴도치는 큰 것 하나를 알고 있다는 고대 그리스 격언에서 착안)라 불렀다.

테틀록은 몇몇 리더는 고슴도치처럼 행동한다고 말한다. 그들에게는 하나의 큰 세계관이 있으며, 그 세계관은 그들이 근본적 진리라 믿는 것을 기반으로 한다. 이런 리더들은 뛰어난 일관성을 지닌다. 자유 시장의 고슴도치들은 자유 시장의 렌즈를 사용해 모든 유형의 사항을 이해한다.

반면, 여우는 일관성이 매우 떨어지는 경향이 있다. 여러 갈래로 펼쳐진 증거와 아이디어에 이끌려 가기 때문이다. 테틀록은 20년에 걸친 방대한 연구를 통해 '여우'와 '고슴도치'가 얼마나 정확하게 미래를 예측하는지 살펴보았다.

그 결과, 테틀록은 시간이 지날수록 여우가 고슴도치보다 훨씬 더 정확해진다는 사실을 발견했다. 왜 그럴까? 여우에게 틀린다는 건 새로운 걸 배울 기회이므로, 살면서 맞닥뜨리는 복잡하고 예측하기 어려운 일들에 대응하는 데 훨씬 더 능숙해지기 때문이다.

테틀록의 연구는 전문가가 된다는 것의 의미를 다시 한번 생각하게 한다. 우리는 전문가라고 하면 확고한 신념을 지니고 절대 쉽사리 태도를 바꾸지 않는, 박식한 인물들이라고 생각하곤 한다. 하지만 테틀록이 말하는 전문가들이란 예측한 바가 맞는 경우가 많은 사람, 그리고 '하지만', '그러나', '비록' 등의 단어를 자주 사용하는 사람이다.

이것이 바로 컬트 집단의 수장들이 카리스마와 설득력을 지녔다고 종종 묘사되는 이유다. 그들은 세상을 흑백논리로 나눠 바라보고 미묘한 차이를 위한 여지는 남겨두지 않는다.

넥시엄을 떠난 뒤, 에드먼드슨은 그녀가 일상적으로 소비하는 정보에 더 신경을 쓰게 되었다. 그녀는 진실에 가까워지기 위한 노력으로, 질문을 하고 회의주의를 받아들이기 시작했다. "어떤 것도 무턱대고 따를 수 없는 상태예요"라고 그녀는 말했다. **"제가 지금 하는 행동을 왜 하고 있는지 반드시 알려고 합니다. 12년 동**

안 아무 생각 없이 남의 말을 따랐더니 지금 제가 어떻게 되었는지
를 보세요."

적절한 수준의 지적 겸손함을 갖추고 회의주의적 태도로 세
상에 접근하는 건 좋은 일이다. 비록 이런 접근 방식이 대중적이
진 않을 수 있더라도 말이다. 역사학자 대니엘 J. 부어스틴Daniel J.
Boorstin은 "발견의 가장 큰 장애물은 무지가 아니라, 지식이 있다
는 착각이다"라고 말하기도 했다.

· 작가 롭 헨더슨

롭 헨더슨Rob Henderson이 만든 신조어 '럭셔리 빌리프luxury belief'
는 부자들에게 지위를 부여하면서 비용은 다른 사람들에게 전
가하는 생각과 견해를 지칭하는 말이다.

'일부일처제는 전근대적'이라는 생각을 예로 들어보자. "일부
일처제가 전근대적이라고 말하면 엘리트 대학생들이 하는 사
고와 행동 방식을 어느 정도 공유할 수 있을 겁니다"라고 헨더
슨은 말한다.

"좀 아이러니하죠. 상류층은 이런 종류의 평범하지 않은 럭셔
리 빌리프를 널리 퍼뜨릴 가능성이 크지만, 실제 자신들은 결
혼할 것이고 그러면서 자신들이 비난하고 있는 결혼이라는 특

권을 다시 누릴 것이기 때문입니다."

다시 말해, 럭셔리 빌리프는 가식적인 지위의 상징이다. 널리 퍼져 있지만 진실하지 못한 신념인 것이다. 럭셔리 의류처럼 럭셔리 빌리프 역시 높은 지위를 상징한다.

하지만 헨더슨이 '이데올로기적인 모피 코트'라 부르는 옷이 유행에 뒤처지는 것처럼, 럭셔리 빌리프는 '트렌디한' 신념으로부터 가장 큰 타격을 받는 사회 취약 계층에게 실재적인 대가를 남긴다.

· 저널리스트, 소설가 윌 스토

윌 스토$^{Will\ Storr}$는 출세의 과학에 대한 글을 쓴 저널리스트다. 스토는 인간은 우세하거나 도덕적이거나 혹은 능력이 있다고 판단되는 사람들에게 지위를 부여한다고 말한다. 그리고 우리 자신도 그들처럼 우세하거나 도덕적이거나 능력을 갖추기 위해 그들을 모방하기 시작한다고 말한다.

이것이 스토가 '지위의 게임$^{status\ game}$'이라 부르는 것에 우리가 참가하게 되는 이유다. 게임의 규칙은 다음과 같다. 우리는 하나의 질문으로 시작해, 신념을 형성하고 그 신념을 인정해 주는 그룹에 합류한다. 일단 우리가 한 부족에 합류하게 되면, 우리는 가장 강력하고 높은 지위를 지닌 멤버들을 파악한 뒤 그들의 신념과 취향, 행동을 모방한다.

"우리는 게임 전략의 일부로 이런 행동을 취합니다. 성공한 이들의 견해와 습관을 맹목적으로 따라 하면서 우리 역시 그들처럼 성공하기를 바라죠"라고 스토는 이야기한다. 우리는 많은 지위 게임에 참가하고 있으며, 게임에서 우리 파트를 알고 있느냐를 중요하게 여긴다.

예를 들어, 캔슬 컬처cancel culture(견해가 다른 사람들에 대한 팔로를 취소한다는 뜻으로, 특히 유명인이나 공적 지위에 있는 사람이 논쟁이 될 만한 언행을 할 때 SNS 등에서 해당 인물에 대한 팔로를 취소하고 외면하는 행동 방식을 말한다 - 옮긴이)를 따르는 군중은 도덕성이 우위를 차지하는 게임을 하고 있다. 여러분은 위협, 고통, 처벌 등의 위험을 감수하며 규칙을 따르도록 강요당한다.

반면, 도덕성이 성공하는 게임은 선(善)을 증진시키기 위해 능력을 사용한다. 예를 들어, 유방암 연구 기금 모집을 위해 마라톤을 하는 사람은 도덕성이 성공하는 게임을 하는 중이다.

당신이 참가하고 있는 지위 게임이 무엇인지에 더 신경을 쓰라. 그리고 여러분 자신에게 물어보라. "나의 역할은 무엇일까, 그리고 좋은 일에 내 지위를 쓸 수 있을까?"

정찰병의
마인드셋

줄리아 갈렙Julia Galef은 잠깐 시간을 내 여러분 자신이 한창 전투 중인 군인이라고 상상하라고 권유한다. 공격과 방어를 하며 자신을 보호하지만, 대부분의 경우 여러분은 이기고자 하는 상태다.

이제, 여러분이 다른 역할을 하고 있다고 상상해 보라. 예를 들면 정찰병의 역할이다. 군인과 달리 정찰병인 당신의 목표는 상대편으로부터 우리 편을 방어하는 일이 아니다. 대신, 당신은 전투지의 지형을 파악하고 조사해 위협과 장애물을 알아낸 뒤, 최대한 정확한 지도를 가지고 돌아오는 임무를 부여받았다.

갈렙은 우리가 일상에서 정보와 아이디어를 처리하는 방식을 비유하며 종종 군인과 정찰병을 예로 든다. 이 두 가지 마인드셋은 우리가 세상을 어떻게 또렷하게 보게 되는지 잘 보여준다.

"어떤 정보는 마치 우리 동맹군인 것같이 느껴집니다. 우리는 그들이 이기길 바라고, 그들을 방어하고자 합니다. 다른 정보는 적입니다. 우리는 그들을 쏘아버리려 합니다. 제가 동기화된 추론을 '군인 마인드셋'이라고 부르는 이유죠"라고 갈렙은 말한다.

"정찰병 마인드셋은 가능한 한 정확하게 있는 그대로를 바라보는 태도를 의미합니다. 비록 보이는 것이 달갑지 않더라도 말이죠."

갈렙은 사람들에게 추론과 의사 결정 전략에 관한 교육을 제공하는 비영리 단체, 응용 합리성 센터Center for Applied Rationality의 센터장이자 공동설립자이다. 그녀는 자기 생각을 바꾸는 일을 자랑스럽게 여기는 희귀한 유형의 인물이다. 개개인이 더 합리적일 수 있고 판단력을 높일 수 있도록 갈렙이 추천하는 여러 전략을 살펴보자.

첫 번째는 현재 당신의 신념 상태를 평가하는 일이다. 갈렙은 그녀의 팟캐스트 〈래셔널리 스피킹Rationally Speaking〉에 출연한 게스트들에게 종종 이런 질문들을 한다.

"무엇에 관한 당신의 마음가짐을 바꾸었습니까?", "당신의 관점에 반하는 가장 강력한 주장은 무엇이라고 생각하십니까?" 이

어떤 정보는 마치
우리 동맹군인 것같이
느껴집니다.
우리는 그들이
이기길 바라고,
그들을 방어하고자 합니다.
다른 정보는 적입니다.
우리는 그들을
쏘아버리려 합니다.

― 줄리아 갈렙

두 질문은 게스트들이 기존에 형성했던 신념과 선입견에 정면으로 맞서면서 지적으로 솔직해질 수 있도록 유도한다.

다음으로 신념과 자신을 분리해 보라고 권고한다. 갈렙은 이 시각화 훈련을 할 때, 여러분이 논쟁에서 방어하고 있는 신념이 마치 몸에서 몇 미터 가량 떨어져 존재하는 것처럼 그려보라고 말한다.

"제가 말하고 있는 상대가 제 신념을 공격할 때, 그 공격의 대상이 제가 아니라 신념이라는 걸 알 수 있습니다"라고 그녀는 말한다. 이렇게 신념을 의인화하는 것이 도움되는 이유는 신념에 대한 공격이 개인에 대한 공격이 아니라고 느낄 수 있기 때문이다. 이를 통해 당신의 신념이 공격에 어떻게 맞설지 더 객관적으로 평가할 수 있다.

세 번째로, 갈렙은 옳은 것보다는 객관적인 것을 추구하라고 말한다. 단순히 자신이 옳았다고 기뻐하지 말고, 가능한 한 감정에 치우치지 않고 공정하게 논쟁을 평가하는 자신을 칭찬하는 것이다. 궁극적인 목표는 진실을 향한 전진이 되어야지, 에고의 입증이 되어선 안 된다. 후자는 감정에 이끌리는 행동이지만, 전자는 합리적 사고에 의한 것이기 때문이다.

마지막으로, 논쟁이 벌어지는 동안 상대를 규정지으려 하지 말라고 권한다. 사람들을 규정지음으로써 스스로 잘못된 방향으로 나아가게 되는 경우가 허다하다. 여러분이 한 정치 후보의 의견을 다른 인종과 성별인 누군가의 입에서 듣는다고 상상해 보자. 만약 물건의(혹은 사람의) 겉모습이 다르다면, 그들이 하는 이야기도 다르게 들릴까?

갈렙은 그렇다고 믿는다. 당신이 언쟁을 벌이고 있는 상대방이 불만스럽거나, 짜증이 나거나, 공격적이라고 느낀다면, 다음의 정신 훈련법을 시도하라. 지금 상대가 하는 말을 여러분이 존경하는 친구나 가족이 똑같이 한다고 상상하는 것이다.

"지금 이 언쟁을 당신이 더 좋아하는 사람과 하고 있다고 생각하고 평가하십시오. 다른 상대를 대할 때보다 더 공정하기 쉬워진다는 걸 깨달을 겁니다"라고 그녀는 말한다. 기억하라. 당신의 마음가짐을 변화시키는 건 버그가 아니라 이미 탑재된 기능이다.

· 레니게이드 셰프 앤소니 보뎅

앤소니 보뎅Anthony Bourdain은 에펠탑을 보기 위해 파리로 여행을 가는 건 영혼에 치명적이라는 발언을 한 적이 있다. 그는 사람들이 많이 다녀 생긴 길과는 멀리 떨어진 장소를 찾았다. 당신의 안전지대를 찢고 나올 수밖에 없는 장소 말이다.

"우리는 안전과 청결을 지나치게 걱정하는 경향이 있습니다.

우리의 행동에 방해될 정도로 말이죠"라고 보뎅은 말한다. 그는 길거리 음식을 통해 여행자가 로컬 음식의 진수를 경험할 수 있다고 굳게 믿는 사람이다.

즉, 새로운 도시를 탐험할 때는 규율과 관습에서 반드시 벗어나야 한다고 믿는다. 보뎅은 영어가 통하는 식당에서 먹기를 거부하고, 좁고 어둑한 식당을 찾아 나섰으며, 옆 테이블 손님이 먹는 걸 가리키면서 그대로 주문하기도 하고, 열린 마음으로 실험을 함으로써 여행자의 함정에 빠지지 않았다.

여러분과 같은 언어를 할 줄 모르는 이방인들과 불편하게 소통을 할 때가 바로 최고의 경험을 할 수 있는 순간이다. "당신에게 영원히 남아 있는 순간들은 바로 소소하고도 인간적인 순간들입니다. 계획하지 않았는데 갑자기 나타나는 친절한 행동들이죠"라고 그는 말했다.

새로운 장소를 방문할 때, 보뎅은 단순히 그 장소에 대한 것이 아닌, 여러분 자신에 관해 뭔가를 배우게 된다고 믿는다. "여행이 항상 아름다울 수만은 없습니다. 항상 편하지도 않고요. 때때로 우리에게 상처를 주거나 마음을 부숴놓기도 합니다. 하지만 괜찮습니다"라고 그는 말했다.

"여행은 당신을 변화시킵니다. 반드시 그래야 합니다. 당신의 기억, 의식, 마음, 신체에 흔적을 남기는 것이 여행입니다. 여행을 통해 뭔가를 가지고 가는 거죠. 그리고 바라건대 당신은 여행지에 뭔가 좋은 걸 남기길 바랍니다."

여행이 끝나면 여러분 자신에게 질문해 보라. "이 여행에서 나에 대해 어떤 새로운 걸 발견했고, 어떤 신념들이 확인되었으며, 어떤 신념이 거짓으로 판명되었는가?"

무지한 자가
신념을 지킨다면

당신이 믿는 바를 바꾸기 위해서는, 먼저 자신이 무엇을 믿고 있는지 이해해야 한다. 독립적 사고에 도전했던 내 개인적인 경험담을 여러분에게 들려주려 한다.

우리 가족은 내가 4학년이던 해 불가리아에서 미국으로 이민을 왔다. 새로운 나라의 문화 규범을 파악하는 건 어려운 일이었다. 나는 영어를 할 줄 몰랐고, 점심시간에 포크와 나이프를 사용해 피자를 잘라 먹었으며, 킥볼kickball(야구와 비슷하지만, 방망이로 치는 대신 발로 공을 차는 공놀이 - 옮긴이)을 할 줄 몰랐다.

그리고 미국에서는 '콘도그corn dog'라고 부르는, 꼬챙이에 꽂은

소시지에 빵가루를 묻혀 기름에 튀긴 음식을 봤을 때 나는 모든 희망을 내려놓았다.

매일 새로운 일이 펼쳐졌고, 내가 타인과 다르다는 사실을 증오했다. 여기엔 몇 가지 의미가 있었다. 내가 혼자 점심을 먹었다는 의미, 그리고 항상 주변인 같은 기분이 들었다는 의미다.

이제 성인이 된 나는 그런 상황을 타개할 방법, 그리고 그런 상황이 발생한 이유를 이해할 수 있다. 하지만 당시 아홉 살이었던 나는 그때의 경험들로 머릿속이 재설계되고 이후 수년간 비뚤어진 사고에 시달렸다.

우리 가족은 이사했고, 나는 포크와 나이프를 사용해 피자를 먹던 시기의 나를 알던 아이들이 아닌, 다른 친구들과 7학년을 시작하게 되었다. 새로 전학 간 학교에 들어서면서 이런 생각을 했던 게 아직도 기억난다. '여기선 그게 뭐든 내가 원하는 모습이 될 수 있을 거야.' 나는 과도하게 나 자신을 고쳐가기 시작했다.

갑자기, 순응과 통념의 제단에 고개를 조아려 절하게 된 거다. '항상 너 자신으로 행동하라' 같은 조언은 끔찍이도 싫었다. 나 자신으로 행동한다고 생각하면 카페테리아에 홀로 앉아 있는 내 모습이 생생히 떠올랐기 때문이다.

나는 다소 지나칠 정도로 친절했고, 어떤 의견도 제기하지 않았으며, 야만인처럼 두 손으로 들고 피자를 먹었다. 지루했고, 내가 아닌 모습으로 사느라 극도로 피곤했다.

대학을 졸업할 무렵엔 내게도 친구가 있었고 대부분의 사람이 나에게 무난한 호감을 느꼈으므로 혼자서 외로울 틈은 없었다. 하지만 지금의 나는 여전히 주변인이라고 느낄 뿐만 아니라, 사기꾼이 된 기분마저 든다.

'규범적 사회 영향normative social influence'이라고 불리는 이 현상은, 한 개인이 공개적으로는 무리의 관점을 수용하지만, 개인적으로는 그에 동조하지 않는 순응의 한 형태다. 이렇게 순응한 개인은 꽤 외로운 인생을 살게 된다.

성인이 되어 내가 뉴욕으로 이사했을 때, 나는 독립적인 사고를 할 또 다른 기회를 잡았다. 2020년《포춘》을 그만둔 나는 '더 프로필'이라는 미디어 회사를 차렸다. 그리고 사회적 통념 같은 건 이제 지나간 이야기라고 생각했다. 하지만 습관을 갑자기 바꿀 순 없다. 습관은 오히려 이상한 방법으로 괴롭힌다.

가장 먼저 떠오르는 건 불안한 질문들이다. "누가 내 의견에 신경이나 쓰겠어?", "어떤 작가의 스타일을 따라 해야 하지?", "이런 글이 읽히기나 할까?" 다음으로 정말 중요한 질문들이 떠오른다.

"나만의 목소리는 무엇이지?", "성공이란 어떤 모습이어야 한다는 사회의 통념을 내가 왜 받아들여야 하는 걸까?" 그리고 "내가 진짜 믿고 있는 건 대체 뭘까?"

'순응의 사분면'이라는 제목의 블로그 글에서 기술 투자자 폴 그레이엄Paul Graham은 대부분의 사람이 순응의 네 가지 카테고리 중 하나에 해당한다고 말한다.

적극적으로 관습적 사고를 하는 사람, 수동적으로 관습적 사고를 하는 사람, 수동적으로 독립적 사고를 하는 사람, 마지막으로 적극적으로 독립적 사고를 하는 사람이다.

적극적으로 관습적 사고를 하는 사람은 규칙은 반드시 따라야 한다고 믿을 뿐 아니라, 규칙을 어기는 이는 반드시 처벌받아야 한다고 믿는다. 반면, **수동적으로 관습적 사고를 하는 사람**은 스스로 규칙을 지키되 규칙을 어기는 이들이 처벌받을까 걱정한다.

수동적으로 독립적 사고를 하는 사람은 현재 규칙을 크게 고려하지 않는 사람이다. **적극적으로 독립적 사고를 하는 사람**은 규칙에 끊임없이 도전하는 이들로, 애초에 규칙을 집행하는 권한을 지닌 인물들에게 의도적으로 반항하는 경우가 많다.

"수동적으로 관습적인 사고를 하는 이들은 '내 이웃들은 어떻게 생각할까?'에 초점을 맞춘다. 수동적으로 독립적 사고를 하는 이들은 '각자 알아서'를 신조로 삼는다"라고 그레이엄은 말한다.

"적극적으로 독립적인 사고를 하는 사람은 '그래도 움직인다 (물리학자 갈릴레오 갈릴레이가 지구가 태양 주위를 움직인다는 주장을 철회하길 강요당한 후, 재판관들에게 했다고 알려진 말이다)'의 태도를 지니며 살아간다."

독립적인 사고를 하려면 새로이 받아들인 정보로 내 생각이 바뀔 수도 있다는 겸손한 태도와 수용하는 자세를 어느 정도 가져야 한다. 갈렙은 '베이즈 법칙The Bayes Rule'이라는 강력한 사고의 패러다임을 사용하라고 조언한다.

베이즈 법칙은 현재의 사건과 연관 있을 법한 조건들에 대한 사전 지식을 토대로, 해당 사건의 가능성을 설명하는 법칙이다. 본질적으로는 근거를 따져보고 신념을 변화시키는 방법을 알려준다고 할 수 있다. 베이즈 법칙의 공식은 다음과 같다.

$$P(A|B) = \frac{P(B|A)P(A)}{P(B)}$$

- $P(A|B)$: 사건 B가 일어났음을 고려할 때, 사건 A의 가능성
- $P(B|A)$: 사건 A가 일어났음을 고려할 때, 사건 B의 가능성
- $P(A)$: 사건 A의 가능성
- $P(B)$: 사건 B의 가능성

이 법칙을 여러분 자신의 인생에 적용하기 위해, 공식 뒤에 숨은 수학을 이해하지는 않아도 된다. 그 대신 갈렙은 베이즈 법칙

을 이렇게 사용하라고 말한다. 여러분의 신념이 다양한 채도의 회색으로만 구성되었음을 이해하라.

그리고 새로운 것을 배울 때 여러분의 자신감이 높아질 수도, 낮아질 수도 있음을 인정하라. 어떤 정당의 의견에 100퍼센트 동의한다고 생각하면, 여러분 자신에게 이렇게 질문하라.

"내가 진짜 믿고 있는 건 무엇일까? 이 사실들이 나의 신념 체계를 업데이트하는 데 도움이 될 수 있을까?"

폴 그레이엄이 제안하는 정신적 사고 체계도 갈렙과 비슷하다. 그레이엄은 신념을 하나의 퍼즐처럼 다루라고 말한다. 누군가가 사실이라고 주장할 때마다, 여러분 자신에게 "정말 그럴까?"라고 질문하라.

"최종 목표는 당신이 들은 것에서 결점을 찾는 것이 아니라, 망가진 생각들로 가려진 새로운 아이디어를 찾아내는 것이다. 이 게임은 지적으로 완벽하게 깨끗해지기 위한 지루한 절차가 아니라, 참신함을 찾아 나서는 흥미로운 탐구여야 한다." 그레이엄은 '독립적으로 생각하는 법'이라는 제목의 블로그 글을 통해 이렇게 말했다.

"'정말 그럴까?'라는 질문을 하기 시작하면, 그 즉시 그렇다고 답하지 못하는 경우가 잦다는 사실에 놀라게 될 것이다. 상상력이 있는 사람이라면, 이 질문을 듣고 이어지는 생각의 갈래가 너무 적기보다는 지나치게 다양할 가능성이 크다."

독립적인 사고는 힘들고 골치 아프고 인기를 많이 얻지 못하는 경우가 많지만, 그와 동시에 우리를 자유롭게 한다. 우리는 대중의 의견에 신경 쓰고 지식인 무리가 가치 있다고 여기는 것이라면 뭐든 믿기 때문에 굉장히 자주 실수를 범한다.

결혼하기, 아이 갖기, 퇴사하기, 사업 시작하기, 포크와 나이프로 피자 먹기에 '적절한 시기'가 항상 존재하는 법이다. 그리고 그 시기는 누가 결정하는가? 모쪼록, 여러분 자신이길 바란다.

· 물리학자 닐 더그래스 타이슨

누군가 모든 질병을 치료해 주는 결정체를 판다고 한다면, 여러분은 어떻게 할 것인가? 전적으로 믿을 것인가 아니면 그 즉시 거절할 것인가?

닐 더그래스 타이슨Neil deGrasse Tyson은 둘 다 지적으로 게으른 대응이라 말한다. 엉성한 생각에 대한 최고의 대응은 회의주의다. 상대의 주장을 뒷받침하는 증거가 존재하는지, 그 본질에 접근할 수 있도록 캐묻는 것이다.

"제대로 된 회의주의자는 자신이 불확실하다고 여기는 부분에 관해 질문하지만, 자기 생각을 바꿀 만큼 유효한 증거가 제시

되는 순간을 알아봅니다"라고 그는 말한다. "그것이 바로 진실을 향한 탐구의 길입니다."

타이슨은 당신의 일상생활에 과학적 방식을 적용할 것을 추천한다. 타이슨은 많은 사람이 진실인 것과 그렇지 않은 것을 판단하는 능력을 잃었다고 말한다. 그는 세상에서 객관이라고 여겨지는 진실을 찾기 위해 계속 노력할 필요가 있다고 믿는다. "무슨 일이 있더라도, 실제로 거짓인 걸 진실이라고 믿거나, 진실인 걸 거짓이라고 믿어 스스로 속아 넘어가는 경우가 발생하지 않도록 해야 합니다"라고 타이슨은 말한다. 여기에는 관찰하기, 질문하기, 자신의 가설 실험하기, 논리적인 결론에 도달하기 등이 포함된다.

- ### 포커 선수 애니 듀크

사람들끼리 서로 대화하면 거의 항상 의견의 일치점에 도달한다. 그러므로 만약 일자리를 구하는 면접자 한 명을 여러 명이 인터뷰한다면, 면접관들이 서로 이야기를 나누기 전에 각자 면접관에 대한 의견을 글로 쓰도록 하는 것이 좋다.

다시 말해, 편견은 전염성이 있다는 의미다. "진짜 의견을 묻고 싶다면, 내 의견을 먼저 말해선 안 됩니다"라고 의사 결정 과

학에 관한 책을 낸 저자이자 포커 선수인 애니 듀크^{Annie Duke}는

말한다.

진짜 의견을
묻고 싶다면,

내 의견을
먼저 말해선 안 됩니다.

— 애니 듀크

숨은 재능을 발굴하는 일상의 실천

- 자신의 신념에 가장 잘 반박하는 논증을 파악함으로써 신념의 노예가 되는 걸 피하라.

- 무지보다 더 나쁜 건 지식이 있다는 착각이다. 회의주의와 지적 겸손은 나약함이 아닌, 강인함의 표시다.

- 우리는 많은 지위 게임에 참여하고 있다. 각 게임이 무엇을 강요하거나 어떤 보상을 주는지 집중해서 살피면 해롭거나 의미 없는 게임을 피할 수 있다.

- 군인 마인드셋은 기어코 승리하겠다는 태도다. 정찰병 마인드셋은 반드시 정확하게 하겠다는 더 뛰어난 태도다. 이전에 스스로 생각을 바꾸었던 때를 떠올리면 더 정찰병 같은 태도를 지닐 수 있다.

- 신념을 자신과 분리하면, 신념이 공격받더라도 덜 상처 입을 수 있다. 옳은 것보다는 객관적으로 인정받는 것을 목적 그 자체로 추구하라. 누군가와 언쟁을 벌일 때 상대를 규정지으려 하지 마라.

- 신념은 흑과 백이 아닌, 다양한 채도의 회색으로만 구성되었다고 보는 것이 옳다.

- 신념을 퍼즐처럼 다뤄라. "정말 그럴까?"라고 질문하라. 계속해서 질문하라. 아이디어 속에서 문제를 찾고자 하는 것이 아니라 기능을 상실하거나 망가진 아이디어 뒤에 숨은 새로운 아이디어를 찾아라. 이 과정은 활기를 북돋우며 효과적이다.

물론, 여러분은 자신의 공동체를 만들기만 하기 보다는 다른 사람의 공동체에도 소속되길 바랄 것이다. 진정으로 안목 있고 참여도 높은 콘텐츠 소비자는 잡음을 모두 이겨내고 자신이 읽고 보는 콘텐츠를 최대한으로 활용한다. 세계적으로 가장 성공한 사람들도 이를 위한 몇 가지 흥미로운 전략을 쓰고 있다.

7장

일론 머스크가 자신의 뇌를
훈련하는 방법

지난 몇 년간 내가 얻은 큰 깨달음 중 하나는 굉장히 간단하지만 대체로 간과되고 있는 것이다. 바로, 우리가 먹는 것이 곧 우리가 누구인지 규정하며, **우리가 읽는 것이 곧 우리가 누가 될 것인지 규정한다는 깨달음**이다. 우리 중 대부분이 건강에 투자할 의지는 보이지만, 매일 우리 뇌에 공급하는 '콘텐츠 소비 습관'은 종종 외면하고 있다.

미국인들은 일일 평균 11시간을 미디어를 보는 데 사용했었지만, 최근에는 일일 13시간 이상이 될 정도로 기록적 수치에 이르렀다.

주변에는 자극적인 콘텐츠, 기사, SNS 글들이 넘쳐나 정크푸드처럼 우리를 중독시키고 나쁜 생각에 빠지게 한다. 그렇다면 어떻게 우리의 몸 그리고 뇌가 받아들이는 내용을 최적화함으로써 더 건강한 삶을 영위하는 방향으로 한 걸음 더 나아갈 수 있을까? 세계적으로 가장 성공한 사람들은 이를 어떻게 해결했을까?

1

정신적 소프트웨어를
업그레이드하기

스페이스 엑스^{SpaceX}의 CEO, 일론 머스크는 정신을 이야기할 때 한 대의 컴퓨터에 비유한다.

우리의 정신적 '하드웨어'는 타고난 지능이자 선천적 재능이다. 그리고 우리의 정신적 '소프트웨어'는 신념 체계와 사고 패턴이다. 머스크는 이 소프트웨어가 우리가 인간으로서 소유한 가장 중요한 도구라고 믿는다.

머스크는 '우리를 향해 끊임없이 다가오는 정보에 대해 정신적 방화벽'을 더 강화할 필요가 있다고 말한다. 그리고 중학교 교과 과정에 비판적 사고 과목이 추가되어야 한다고 주장한다.

"여러분 머릿속에서 돌아가고 있는 소프트웨어를 누가 만들었을까요? 정말 그 소프트웨어가 머릿속에 있기를 바랍니까?"

정확히 이런 사고 체계가 머스크의 숨은 천재성이다. 머스크는 양질의 정보를 찾아 소화함으로써 주기적으로 자신의 뇌에 존재하는 소프트웨어를 업그레이드하는 데 능숙하다.

아이폰에 비유한다면, 우리는 모두 같은 하드웨어를 소유하고 있지만 최신의 소프트웨어로 운영하기 위해 주기적으로 업데이트하지 않으면 뒤처진다. 우리의 뇌 중 일부는 iOS 15에서 운영되고 있지만, 다른 사람이 아직도 iOS 7에 머물러 있는 이유다.

하지만 여기서 주의해야 할 점이 있다. 쓰레기 같은 리얼리티 TV 쇼나 질 나쁜 로맨틱 코미디에 자주 빠져든다고 해서 여러분의 소프트웨어 속도가 느려지진 않는다는 사실이다. 오히려, 평범한 콘텐츠를 장기간 소비하는 것이 문제일 수 있다.

《뉴욕 타임스》의 칼럼니스트인 데이비드 브룩스David Brooks가 '최대 취향의 이론theory of maximum taste'이라 부르는 개념에 따르면, 한 사람의 정신은 그 상한치에 의해 정의된다. 여기서 상한치란 누군가 습관적으로 소비하는 그리고 소비할 수 있는 콘텐츠 중 최상의 콘텐츠를 의미한다.

브룩스는 그의 칼럼 '직접 전달하기엔 너무 솔직한 졸업식 연설A Commencement Address Too Honest to Deliver in Person'에서 "이 이론은

여러분 머릿속에서
돌아가고 있는
소프트웨어를
누가 만들었을까요?
정말 그 소프트웨어가
머릿속에
있기를 바랍니까?

— 일론 머스크

천재성에 노출되는 것이 의식 확장의 힘을 지닌다는 아이디어를 기반으로 한다"라고 말한다.

"천재와 많은 시간을 보내게 되면 여러분의 정신은 지극히 평범한 것으로만 시간을 때울 때보다 훨씬 크고 넓어질 것이다." 대학에서 우리는 양질의 아이디어들을 뇌 속에 집어넣도록 강요당한다. 힘든 과제를 수행하고, 동의하거나 동의하지 않는 문제에 관해 논하는 에세이를 써야 한다.

하지만 대학을 졸업하고 나면 우리 중 다수는 배움을 멈춘다. 읽지도 않고 아이디어를 떠올리지도 않는다. 브룩스는 칼럼에서 "할 일에 치이다 보니 X와 같은 SNS, 정확히 말하자면 저널리즘을 소비하는 데 안주하게 된다"라고 말한다. 그리고 이렇게 덧붙였다. "우리의 최대 취향이 줄어드는 것이다."

"당신이 아는 사람의 70퍼센트 이상이 20대 때보다 30대에 더 지루한 사람이 되었단 걸 눈치챈 적 있는가?" 이 질문에 대해 잠시 생각해 보라. 여러분 정신의 상한치가 대학 시절보다 더 낮아졌는가? 당신의 콘텐츠 소비에 대해 냉정하게 평가한다면 답을 찾을 수 있을 것이다.

• 패션계의 거물 브루넬로 쿠치넬리

브루넬로 쿠치넬리^{Brunello Cucinelli}의 인생을 바꾼 책은 마르쿠스 아우렐리우스^{Marcus Aurelius}의 『명상록』이다.

"그 책을 항상 읽고 또 읽습니다. 사실 어제도 읽었네요"라고 그는 말한다. "제가 스물다섯 살 때, 책에서 몇 군데 밑줄을 쳐 둔 부분이 있습니다. 30대에는 다른 부분에 밑줄을 쳤고요, 이제 50대가 되니 완벽히 다른 책처럼 읽힙니다."

여러분 인생에서 다양한 시기에 의미가 있었던 책을 다시 읽어보면 어떨까? 분명 놓칠 뻔한 좋은 부분들을 발견하게 될 것이다.

콘텐츠 다이어트를 하라

2019년, 나는 소비하는 정보의 질을 높이려고 의식적인 결심을 했다. 그 결심은 나의 정신 상태에 엄청난 영향을 미쳤다. 먼저, 나는 콘텐츠 평가를 시행했다. 매일 내가 소비하는 콘텐츠를 솔직한 시각으로 바라보았다. 나는 무엇을 읽고 듣고 보는가? 나는 누구와 어울리는가?

그리고 몇 가지 규칙을 정했다. 피상적인 뉴스 기사는 덜 읽고 장문식 프로필long-form profiles을 더 읽자. 리얼리티 TV 시청은 줄이고 다큐멘터리를 더 보자. 예의상 나누는 잡담은 10퍼센트만, 핵심을 말하는 데 대화의 90퍼센트를 할애하자.

마지막 단계로, 나는 실행에 옮겼다. 스마트폰에서 몇 개의

SNS 앱을 삭제했다. 아무 생각 없이 화면을 스크롤하는 일을 멈췄다. 흥미로운 기사, 팟캐스트, 보고 싶던 인터뷰 영상을 저장하기 위해 콘텐츠를 수집하고 저장하는 앱인 포켓Pocket과 메모, 업무, 위키 및 데이터베이스를 한꺼번에 처리할 수 있는 노션Notion을 사용했다.

브레인스토밍과 새로운 아이디어에 관한 토론을 즐기는 사람들의 커뮤니티에 가입해 그들과 어울렸다. 러닝을 하면서 양질의 팟캐스트를 들었다. '더 프로필'에 시각화 데이터 도구인 도시에 Dossier를 만들어서 매주 내가 흥미롭다고 생각한 인물의 인생 여정을 더 자세히 들여다보는 심층 분석을 진행했다. 그리고 더 강렬한 대화를 끌어내기 위해 인터뷰도 했다.

콘텐츠 전략 없이 하루하루를 보내다가는 한쪽으로 편향된 견해만으로 가득한 반향실에 빠질 위험이 있다. 인터넷상에서 우리는 기존 신념을 더 공고히 하는 SNS 플랫폼의 일부에 속해 있다. 구글 검색창에 질문을 치면 사람들이 가장 많이 하는 질문이 검색되는 게 그 예다.

그렇다면 신선하고 새로운 아이디어를 배양할 새로운 콘텐츠는 어떻게 발견할 수 있을까? 작가 말콤 글래드웰Malcolm Gladwell은 '지적인 토끼굴intellectual rabbit holes'로 빠질 수 있는 환경을 형성할 필요가 있다고 말한다.

여기 글래드웰이 제안하는 방법이 있다. 먼저, 여러분의 호기심을 자극하고 지금까지 알아차리지 못한 것을 깨닫게 해줄 만한 도시나 건물 사이를 걸어보라.

그다음, 도서관으로 가서 예전에 즐겁게 읽었던 책들을 찾고, 새로운 책은 없는지 책 선반 위를 둘러보라. 마지막으로, 책이나 기사의 각주를 살피며 더 자세히 알고 싶은 주제를 공부할 수 있는 다른 자료를 찾아보라. 여러분의 뇌에 관해서는 자동항법장치인 오토파일럿은 꺼두어도 괜찮다.

- **쇼 러너, 작가, 제작 책임자 숀다 라임스**

수년에 걸쳐 숀다 라임스는 어떻게 동료와 지인 관계를 구축하면 가장 나은 자기 모습이 되도록 하는 사람들로 채울 수 있을지 알게 되었다.

"나의 비전은 면도날처럼 날카로워졌다"라고 그녀는 자신의 저서 『1년만 나를 사랑하기로 결심했다』에서 말한다. "난 이제 사람들을 있는 그대로 보기 위해 일한다. 내가 그들을 바꾸려 하지 않고 그들이 자기 모습을 만들도록 하는 것이다. 난 있는 그대로 그들의 모습을 바라본다. 그들과 함께일 때 나의 모습도."

잘 대해주는 사람들을 곁에 두는 것뿐만 아니라, 그들의 '자존감과 가치가 (여러분의) 행동을 고무시킬 수 있는' 사람들을 곁에 두는 것이 중요하기 때문이다.

라임스는 여러분 자신의 약점을 파악하고 그 약점을 가리는 데 도움이 될, 상호보완적인 기술을 지닌 사람을 찾는 것이 중요하다고 강조한다. 예를 들어, 라임스 자신은 타고난 리더는 아니며 경영 훈련은 한 번도 받아본 적이 없다고 말한다. 그녀는 회사 경영을 위해 자신의 약점을 보완할 강점을 지닌 사람들을 고용했다. 우리의 콘텐츠 소비 습관 중 큰 부분은 콘텐츠를 제작한 이들의 의견을 가치 있게 평가하고 그들의 말을 흡수하는 사람들에 의해 결정된다.

• **MBSR(마음챙김 기반의 스트레스 완화)의 창립자 존 카밧진**

콘텐츠 평가를 시행할 때 중요한 요소는 여러분의 하루에 여러 번 등장하는 방해 요인을 찾아내는 일이다. 마음챙김의 대가, 존 카밧진Jon Kabat-Zinn은 우리가 방해의 시대에 살고 있으며, 따라서 의식의 영역에 들어가는 법을 배우는 것이 중요하다고 말한다. 어떻게 그 방법을 배울 수 있을까?

먼저 스마트폰 설정에 들어가서 스크린 타임screen time컴퓨터, 텔레비전 또는 스마트 기기와 같은 장치를 사용하는 시간 - 옮긴이)을 확인하는 것에서부터 시작하라. 하루에 몇 시간을 화면을 스크롤 하는 데 사용한다고 적혀 있는가? 아니면, 하루에 몇 번이나 스마트폰을 집어 든다고 적혀 있는가?

평균적으로 사람들은 하루에 약 344번(4분에 한 번꼴이다) 자신의 스마트폰을 확인한다.

잠시 쉬는 시간이 생겼을 때, 화면을 스크롤 하거나 옆으로 넘기거나 온라인 쇼핑으로 지루함을 달래고 싶은 충동을 참아보라. 음악을 듣지 않고 달리고, 스마트폰 없이 산책하거나 그저 조용히 주변을 둘러보려고 노력해보라.

당신의 멘탈에 무엇을
주입할지 선택하라

작가 타라 웨스트오버Tara Westover가 교실이란 곳에 처음 발을 들여놓은 건 그녀가 열일곱 살이 되던 해였다.

아이다호의 깊은 산속에서 생존주의식survivalist(전쟁 등의 위험에서 살아남기 위해 대비하는 생활 방식 – 옮긴이) 모르몬교도인 부모님 아래 태어난 웨스트오버는 주류 사회와는 고립된 채로 자랐다. 그녀의 아버지는 정부를 심각하게 불신한 나머지 가족이 병원을 가거나 학교에 다니는 것도 금지했다.

웨스트오버의 험난한 가정생활은 폭력적으로 변해갔다. 그녀는 오빠로부터 정신적, 신체적으로 학대받았다. 그녀는 도망쳐야

했고, 교육만이 유일한 탈출구였다.

웨스트오버는 독학으로 수학을 공부해 대학 입학시험을 통과했고 브리검 영 대학교Brigham Young University에 쟁쟁한 경쟁자들과 어깨를 나란히 하며 합격했다. 그곳에서 그녀는 역사를 공부했고 홀로코스트, 시민 인권 운동 등 세계사에서 일어난 사건들에 대해 처음으로 배웠다.

웨스트오버는 자라면서 아버지의 말이 곧 진리라고 여겼다. 그녀의 집안에서 힘과 영향력을 지닌 건 남자고, 여성은 순종적이어야 했다. 그리고 고등교육은 시간 낭비라는 것을 이해하고 받아들여야 했다.

그 결과, 그녀는 자신이 인종차별적이며 동성애를 혐오하고 성차별적인 관점을 지니게 됐다는 사실을 깨달았다. 자신의 정신을 바꿀 수 있는 유일한 방법은 그녀가 믿는 것을 다른 사람을 앞에서 큰 소리로 말하는 것이었다. 그 방법을 통해 그녀는 다시는 그런 말들을 입 밖에 꺼내고 싶지 않다고 느꼈다.

"그 말들은 진짜 제가 하는 말들이 아니었습니다. 어딘가 다른 곳에서 온 말들이었어요"라고 그녀는 말한다.

웨스트오버는 아버지의 관점으로 세상을 바라보고 있었다. 다시 말해, **그녀의 뇌에 아버지의 소프트웨어를 내려받았던 셈이다.** 대학에 입학해서야 비로소 그녀는 앞서 일론 머스크가 한 질문을 자기 버전으로 바꿀 수 있었다. "내 머릿속에서 돌아가는 이 소프트웨어는 대체 누가 만든 거지?"

새로운 자료들을 읽고 지금까지 당연하게 여겼던 개념들에 관해 토론을 벌이기 시작하면서, 웨스트오버는 그녀의 뇌에 무엇을 허용할지 선택했다. "어릴 적 제가 배웠던 기술이 결정적인 역할을 했습니다. 이해하지 못하는 것이라 하더라도 뭐든 읽어내는 인내심이라는 기술이었죠"라고 그녀는 말한다.

작가 매트 헤이그Matt Haig는 읽기도 일종의 치료가 될 수 있다고 여겼다. 스물네 살에 자살하고 싶다는 생각이 들기 시작한 이후, 헤이그는 부모님이 사는 집으로 다시 들어갔고 당시 자신이 겪던 정신적 불안으로부터 신경을 딴 데로 돌리기 위해 10대 때 읽던 책들을 활용했다.

그러자 독서는 집필로 이어졌고 곧 카타르시스를 느낄 수 있는 경험이 되었다. "책은 당신의 생명을 구할 수 있다"라고 그는 말한다. "사람들은 단순히 도피하기 위해 책을 읽지 않는다. 자신을 위한 새로운 길을 찾으려고 책을 읽는다. 우리는 방이 하나뿐인 집에 살고 있다고 생각한다. 하지만 책은 우리가 고급 주택에 있다는 사실을 깨닫도록 한다. 독서는 우리가 잃어버린 부분을 찾는 방법이다."

앞서 설명한 콘텐츠 평가를 시행한 후, 여러분의 물리적 환경

우리는 방이 하나뿐인 집에
살고 있다고 생각한다.
하지만 책은
우리가 고급 주택에 있다는
사실을 깨닫도록 한다.
독서는 우리의
잃어버린 부분을
찾는 방법이다.

— 매트 헤이그

을 재정비해 아이디어를 생성하는 데 더 도움이 되도록 하라. 제임스 클리어와 인터뷰를 할 당시, 그는 내게 자신의 책상 위에 열일곱 권의 책이 있다고 말했다. "제 주변에 좋은 정보 소스들을 흩뿌려 놓으려고 합니다."

그는 책상 위, 침대 옆, 거실 탁자 위에 책을 두고 있다. "좋은 아이디어로부터 멀리 떨어져 본 적이 없습니다"라고 그는 말한다. "대부분이 제 아이디어는 아니지만, 항상 그 아이디어들을 기반으로 성장하고, 흡수하고, 생각하고, 반복합니다. 이것이 바로 제가 좋은 아이디어를 내기 위해 제 주변 환경을 최적화하는 방법입니다."

기억하라. 아이디어는 인류 진보의 생명줄이고 그런 아이디어들은 일반적으로 주류에선 발견되지 않는다. 작가 무라카미 하루키가 말했듯, "모든 사람이 다 읽는 책을 읽는다면, 다른 사람과 같은 것만 생각할 수 있을 뿐이다."

- **심리학자이자 홀로코스트 생존자 에디스 에바 에거**

  당신의 뇌에 입력하는 것이 당신의 생각과 행동에 직접적인 영향을 미친다. 에디스 에바 에거[Edith Eva Eger]와 그녀의 가족이 아우슈비츠로 가는 기차에 타고 있을 때, 어머니는 에거에게 이렇게 말했다. "우리가 어디로 가고 있는지, 무슨 일이 일어날지 모르지만, 우리 마음속에 담은 건 누구도 빼앗아 가지 못할거야."

절망적인 순간마다 에거는 더 나은 현실을 상상했고 뇌에 기쁨이라는 감정을 입력했다. 여러분의 생각은 여러분의 기분과 미래의 모습을 결정한다.

• NFL(미식축구) 쿼터백 톰 브래디

염증 반응은 신체에 해를 가하는 뭔가에 대항해 신체가 스스로 치유하려고 싸우는 과정이다. 톰 브래디Tom Brady는 신체에 해를 가하는 방법에는 여러 가지가 있다고 믿는다. 부상, 건강하지 않은 음식 섭취, 심지어는 독이 되는 생각까지.

"꽤 간단합니다. 식단, 영양 섭취, 혹은 생각을 통해 체내 염증 반응을 제한하는 거죠"라고 그는 말한다. 균형 잡힌 식단이란 음식 그리고 콘텐츠에도 적용되는 개념이라는 것이다.

식단, 영양 섭취 혹은
생각을 통해
체내 염증 반응을
제한하는 거죠.

— 톰 브래디

숨은 재능을 발굴하는 일상의 실천

- 반드시 자신에게 다음의 질문을 하라. 머릿속에서 운영되는 소프트웨어는 누가 썼는가? 있어선 안 되는 것이 많이 탑재되어 있다는 걸 쉽게 발견할 수 있을 것이다.

- 양질의 정보를 검색하고 소화함으로써 정기적으로 정신적 소프트웨어를 업그레이드할 수 있다.

- 정신은 상한치에 의해 정의된다. 상한치란 누군가 습관적으로 소비하는, 그리고 소비할 수 있는 콘텐츠 중 최상의 콘텐츠다.

- 콘텐츠 다이어트를 개선하려면 콘텐츠 평가부터 시작하라. 매일 소비하는 콘텐츠를 솔직한 시각으로 바라보라. 무엇을 읽고 듣고 보는가? 누구와 어울리는가?

- 새로운 아이디어를 찾으려면 지적인 토끼굴로 걸어 들어가라. 호기심을 따르고 뜻밖의 즐거움을 포용하며 어디로 이어질지 지켜보라. 의도적으로 몸과 마음을 방황하게 하라.

- 새로운 아이디어를 장려하기 위해 물리적 환경을 정비하라. 새로운

생각이 꼬리를 물도록 자극할 만한 책과 물건들로 주위를 채워라.

• 누군가 이미 갔던 길에서 벗어나 대세에 어울리지 않는 것을 소
  비하라. 그러지 않으면 다른 사람들과 같은 방식으로 사고하게 될
  수밖에 없다.

강인함은 인류 번영에 필수 요소다. 하지만 타인과의 단단한 관계 형성
없이는 번영할 수 없다. 이는 다음 장에서 더욱 자세히 살펴볼 것이다.

PART 3

DEN
I US

팀으로 살아남거나
개인으로 뒤처지거나

8장

이혼 예상 적중률 95퍼센트,
심리학자 존 가트맨이 말하는 관계의 비밀

남편과 나는 2020년 7월 코로나19 팬데믹이 정점에 달했을 때 결혼했다. 우리 결혼식에 참석한 사람은 목사님과 사진사뿐이었다. 혼인 서약 후, 모두가 내게 했던 말이 떠올랐다. "결혼하고 나면 인생이 절대 예전 같지 않을 거야." 결혼 생활 3년 후, 내가 배운 것이 하나 있다면 결혼으로 모든 것이 바뀐다는 주장은 일종의 미신이란 사실이다.

물론 결혼 상대자와 법적으로 엮인 상태겠지만, 당신의 배우자는 대체로 변하지 않은 채로 남아 있다. 당신의 갈등 해결 전략도 변함없다. 소통 패턴도 같다. 당신의 전반적인 인생관도 그대로다.

훌륭하고 최적화된 파트너 관계를 이루려면 이 모든 것을 장기적 관점에서 발전시킬 필요가 있다. 코로나19 팬데믹이 우리에게 보여주었듯, 모든 종류의 관계는 단절될 수 있다. 코로나19로 가정과 직장 내 갈등이 늘어났고, 사람들의 스트레스 수준 또한 예측 불가능한 경제적 부침에 따라 악화되었다. 현대의 초연결 세계에서 더 높은 수준의 불확실성, 좌절을 초래하는 자기 회의감, 관계의 불안을 경험하는 건 자연스러운 일이다.

관계는 우리 인생의 거의 모든 측면에서 중요한 역할을 한다. 상대가 배우자든 자녀든 부모님, 선생님, 상사, 고객, 업무 파트너든 관계없이, 우리는 모두 거미줄처럼 얽힌 인간관계 속에서 살고 있다. 유명한 커플 치료사 에스터 페렐Esther Perel은 자주 이런 말을 한다.

"우리가 맺은 관계의 질이 우리 인생의 질을 결정한다."

신뢰 = 일관성 + 시간

일관성이 없는 누군가를 여전히 신뢰하고 있는가? 그는 누구인가? 아마 말할 수 없을 것이다. 우리는 직장, 사업, 가족 관계에서 반복적으로 약속을 깨는 사람은 믿을 수 없기 때문이다.

신뢰는 모든 관계의 기반이다. 오랜 기간 이어진 믿음, 헌신, 소통으로부터 만들어지는 것이 신뢰다. 그리고 지금 우리에게는 그 어느 때보다 신뢰가 필요하다. 에스터 페렐은 친밀감과 연결감이란 복잡한 감정을 둘러싸고 커플들을 상담하는 데 자신의 인생을 바쳐온 심리치료사다.

전 세계 각국의 커플들이 불륜, 업무 스트레스, 재정적 압박 등의 문제에 매일 고군분투하고 있다. 이런 불쾌한 감정들을 줄이기 위해 우리는 무엇을 해야 할까? 먼저 우리는 편안함, 타인과의 연결, 그리고 무엇보다도 신뢰를 추구해야 한다.

"전형적인 표현을 빌리자면, 인간이 에덴동산에서 쫓겨났을 때부터 우리는 신뢰를 찾아 나섰다고 할 수 있겠습니다. 믿음이라는 탄탄한 기반, 마치 오늘이 끝나면 내일이 올 거란 믿음 같은 것 말이죠"라고 페렐은 말한다.

만약 신뢰를 얻을 수 있는 공식이 존재한다면 어떨까? 우선, 신뢰가 깨어지는 상황부터 탐구해 보자.

우리 사회에서 불륜은 한 관계 내에서 상호 존중이 부족하고, 궁극적으로 신뢰가 파괴된 상태를 일컫는 데 종종 사용되는 표현이다. 하지만 사람들이 알아차리지도 못하고 있는 건 그들의 관계에서 무수히 많은 중요한 것이 조금씩 사라져 가고 있다는 사실이다.

"사람들은 백 가지 다른 방법으로 상대방에게 부정을 저지릅니다. 무관심, 정서적 방치, 경멸, 존중 결여, 수년간의 성관계 거부 등이죠. 사람들이 상대를 실망하게 하는 행동들을 통틀어 바람을 피운다고 표현하기엔 부족합니다." 페렐은 말한다.

가장 흔하게 듣는 '신뢰를 쌓는 데는 수년이 걸리지만 무너지는 건 한순간이다'라는 말과 반대로, 관계 대부분은 한 번 대판 싸운다고 해서 무너지지 않는다. **관계가 멀어지는 이유는 오랜 시**

간 동안 신뢰의 기반이 서서히 약해져서인 경우가 많다.

여기서 문제는 신뢰가 가족과 동료 관계에도 적용된다는 사실이다. 새로운 파트너를 만났다면, 건강한 관계를 구축하기 위해 그에게 기댈 수 있는지 파악해야 한다. 만약 당신이 투자자라면, 회사에 돈을 투자하기 전에 창립자가 믿을 만한 사람인지 평가할 수 있어야 한다.

이 두 가지 모두 장기적 관점에서 최대한 나은 판단을 하는 경우이다. 하지만 오늘날과 같이 우리에게 제한되고 불완전한 정보만 주어진다면 어떻게 신뢰를 쌓아갈 수 있을까? 사업가이자 투자자인 나발 라비칸트Naval Ravikant는 다음과 같은 믿음을 지니고 있다.

"인생의 모든 수익은 부든 관계든 지식이든 복리로 돌아온다."

복리 성장은 이자와 같은 자산 수익이 시간이 흐름에 따라 추가 수익을 생성할 때 이루어진다. 라비칸트는 장기적 노력은 복리 이자를 벌어들이는 데 좋을 뿐만 아니라, '선의, 사랑, 관계, 혹은 돈'과 관련된 상황에서 신뢰를 복리로 쌓는 데에도 효과적이라고 말한다. 관계에 투자할수록, '신뢰'라는 이자가 붙게 되는 것이다.

게임이 늘어지면 종종 지겨움을 느끼게 되지만, 시간이 길어질수록 효과는 더 커진다. 양날의 검이 될 수 있는 논리다. 부정적인 행동을 반복하면 당신은 더욱 부정적으로 변하고, 긍정적인 행동을 반복하면 당신은 더욱 긍정적으로 변할 것이다. 부정적, 긍정적 행동 모두 복리로 쌓일 힘을 지니고 있기 때문이다.

그리고 행동이 일관될수록, 복리가 쌓이는 속도는 빨라진다. 즉, **신뢰를 쌓기 위한 핵심 요소 두 가지는 시간 그리고 일관성이다.** 링크드인의 창립자 리드 호프먼Reid Hoffman은 신뢰를 얻는 공식이 다음과 같다고 말한다.

신뢰 = 일관성 + 시간

간단하게 설명하자면 이렇다. 오랜 시간에 걸쳐 한결같이 언행 일치를 이룬다면, 신뢰는 필연적으로 따라온다. 시간이 지날수록, 두 파트너 사이의 선의는 더 빠른 속도로 쌓인다. 그 결과는? 상호 신뢰다. 상호 신뢰는 상대방의 의도가 무엇일지 끊임없이 자문할 필요 없이 의사를 결정하고, 계약을 체결하고, 관계를 누릴 수 있게 한다.

"20년간 함께 일해온 사람과 거래할 때 둘 사이에 상호 신뢰가 존재한다면, 계약서를 읽을 필요도 없을 겁니다. 계약서 자체를 만들 필요가 없을지도 모릅니다. 그냥 악수하는 걸로 대신할 수도 있겠죠."

라비칸트는 말한다. 복리는 전설적인 투자자, 워런 버핏^{Warren} Buffett과 찰리 멍거^{Charlie Munger}로 인해 유명해진 개념이다. 멍거는 인간 문명이 도달할 수 있는 가장 높은 곳은 응당한 신뢰가 촘촘한 그물망처럼 짜인 형태라 믿는다. 강력한 통제, 엄격한 규칙이나 피해망상은 존재하지 않는 경지 말이다.

"절차도 많지 않습니다. 그저 완벽히 신뢰할 수 있는 사람들이 모여 서로 올바르게 신뢰하는 사회가 되는 겁니다. 메이오 클리닉^{Mayo Clinic}(미국 미네소타주 로체스터에 있는 사립 병원. 정밀한 검사와 환자 중심의 서비스로 유명하며 특히 수술 여부 결정 시, 여러 과 교수의 협업과 투표를 통해 진행돼 세계 각지에서 환자들이 찾아온다 – 옮긴이)의 수술실이 바로 이런 방식으로 운영됩니다."

인생에서 값진 무언가는 믿을 수 있는 사람들 사이에서 신뢰의 그물망을 형성하는 과정이라고 멍거는 이야기한다.

"상대로부터 받은 결혼 계약서가 47쪽에 달한다면 그 결혼은 하지 않는 것이 낫습니다."

상대로부터 받은
결혼 계약서가
47쪽에 달한다면
그 결혼은
하지 않는 것이 낫습니다.

― 찰리 멍거

- ## 쇼피파이의 설립자 토비 뤼트케

쇼피파이의 설립자 토비 뤼트케[Tobi Lütke]는 신뢰를 '내가 상대를 믿거나 믿지 않거나'라는 식의 이진법으로 생각하는 건 실질적으로 도움이 되지 않는다고 말한다. 신뢰란 그보다 훨씬 더 복잡한 개념이다. 뤼트케는 이를 설명하기 위해 '신뢰도 배터리[trust battery]'라는 비유를 사용한다.

여러분이 누군가와 사적 혹은 공적으로 관계를 맺을 때, 신뢰도 배터리는 대략 50퍼센트에서 시작하고, 상대와의 모든 상호작용은 배터리를 조금씩 충전하거나 방전하는 데 영향을 미친다.

"만약 여러분의 휴대전화, 배터리가 낮은 상태라면 여러분은 온종일 배터리에 대해서만 생각하게 됩니다. 사람과의 관계에서도 마찬가지입니다. 신뢰도가 낮은 관계의 사람들에 대해 항상 생각하게 되죠. 신뢰도가 높은 사람에 대해서는 그만큼 걱정하지 않습니다."

뤼트케가 말한다. 우리는 신뢰도 배터리가 항상 80퍼센트 이상 유지되는 사람이 되는 것을 목표로 해야 한다.

• 심리학자 존 가트맨

존 가트맨John Gottman은 인간관계에서 신뢰의 기반은 '슬라이

딩 도어의 순간sliding door moments'을 통해 쌓이고 유지되거나 무

너진다고 믿는다. ('슬라이딩 도어'라는 용어는 귀네스 펠트로 주연의

영화 〈슬라이딩 도어즈Sliding Doors〉에서 유래했다. 이 영화에서는 주인

공이 지하철 문이 닫히려는 순간 탑승에 성공했을 때와 실패했을 때 펼

쳐지는 두 가지 다른 인생을 소개한다 – 옮긴이) 슬라이딩 도어의 순

간은 일상에서 우리가 상대방과 무심코 주고받는, 사소해 보이

는 순간이다.

당신이 배우자의 손을 잡으려 할 때 상대는 어떻게 행동하는

가? 당신이 화가 난 상태일 때 상대는 어떻게 행동하는가? 당

신을 무시하고 등을 돌리는가 아니면 당신에게 몸을 기울이며

공감하는가?

"매 순간이 그렇게 중요한 건 아닙니다. 하지만 항상 외면한다

면 결국 서로의 신뢰는 아주 천천히 그리고 서서히 무너지게

될 겁니다."

2

FBI 협상가의
특별한 기술

심리치료사 에스터 페렐은 결혼 생활에서 벌어지는 언쟁의 비밀을 하나 알고 있다. 바로 종종 형식이 내용을 앞선다는 것이다. 다시 말해, 우리는 언쟁을 벌이고 있는 대상과 관계없이 꽤 엄격한 공식을 따르려고 하는 경향이 있다.

"특정 방식으로 언쟁한다면 우리가 싸우는 주제가 돈이든 상대의 부모님이든 아침밥이든 관계없이 모든 대화가 결국 다 비슷한 양상을 보이게 됩니다. 둘 중 한 명이 언성을 높이면, 상대는 불쾌감에 눈을 굴리게 되죠. 한 명이 싸움의 수위를 높이면, 상대는 외면하고 나가버립니다. 취약함의 순환vulnerability cycle(커플이 다툼의 과정에서 각자의 취약한 부분은 다치지 않으려 하면서 상대의 취약함은 끄집어내려 하는 악순환의 상태 - 옮긴이)에서 주로 형성되는 하나의 춤이라 할 수 있죠."

페렐은 커플을 연구하는 심리학자, 하워드 마크맨Howard Markman의 연구를 종종 인용한다. 마크맨은 사람들이 단 10초 정도만 상대에게 귀를 기울일 뿐 그 이후로는 귀를 닫고 뭐라고 반박할지 준비하기 시작하는 경향이 있다는 사실을 발견했다. **우리는 소리를 듣긴 하지만 경청하진 않는다고 페렐은 말한다.**

경청에 대해 잘 알고 있는 인물로는 인질 협상가로 활동했던 크리스 보스Chris Voss를 들 수 있다. 보스는 FBI의 국제 유괴 수석 협상가로 24년을 근무하며 경청의 기술을 마스터했다. 사람들의 목숨이 그가 가진 기술에 달려 있다고 해도 과언이 아니었다.

1993년, 뉴욕 브루클린의 체이스 맨해튼 은행에서 두 명의 남성이 직원 세 명을 인질로 잡고 있었다. 당시 보스는 은행 강도들과 전화로 협상했던 두 번째 협상가였다. 은행 강도 중 한 명과 이야기를 시작하면서 보스는 자신이 누군지 밝히고 대화를 이어 가며 즉시 여러 가지 전략을 사용했다.

먼저, 보스는 목소리의 톤을 바꾸었다. 협상이 진행되는 동안 사용할 수 있는 가장 중요한 도구가 바로 목소리 톤의 변화라고 믿었기 때문이다. 그는 '심야 FM 라디오 DJThe Late Night FM DJ' 목소리라고 부르는 기술을 사용했다. 서술적이면서도 듣는 이의 마음을 달래주는 저음의 목소리는 거의 모든 상황에 적용할 수 있었다.

이 기술이 효과적인 이유는 상대방 뇌의 거울 신경 세포를 자극해 신경 화학적 반응을 일으켜 상대가 차분해지도록 하기 때문이다. 이를 통해, 협상에 임한 양쪽 모두 자신도 모르게 머릿속이 또렷해진다.

"진심 어린 호기심은 감정 조절에 도움이 됩니다. 차분하고 부드러운 목소리로 크게 말하면, 실제로 자기 자신을 진정시킬 수 있습니다."

그다음, 보스는 인질을 억류하고 있는 상대의 말을 그대로 질문으로 반복하는 '미러링mirroring'을 시작한다. 은행 강도가, "네놈들이 우리 운전사를 쫓아냈어"라고 말하면, 보스는 "우리가 운전사를 쫓아냈다고?"라고 대답하는 식이다. 미러링은 호감을 쌓고 정보를 수집하는 데 사용할 수 있는 효과적인 기술이다.

상대가 앞서 이야기하며 내뱉은 여러 키워드를 반복하는 방식으로 상대방을 거울처럼 '미러링'한다. (즉, "스트레스 때문에, 오늘 정말 힘든 하루였어"라는 말에 대한 반응을, "스트레스를 많이 받아서?"라고 하는 식) 상대방이 계속 이야기하도록 하면서 당신은 감정적으로 침착함을 유지할 수 있기에 유용하다.

마지막으로 보스는 명명하기labeling 작업을 시작한다. 그는 두 번째 은행 강도에게 이렇게 말한다.

"이 일은 당신 잘못이 아니야, 그렇지? 이렇게 된 걸 후회하고 있잖아, 그렇지 않아?"

두 질문 모두 그가 나쁜 상황에 빠졌다는 걸 넌지시 알리고 있다. 명명하기는 상대의 감정을 파악하고 말로 확인하는 데 사용하는 기술이다. 명명하기의 좋은 유형은 다음과 같은 문구와 함께 사용되는 예다.

"마치…… 그런 것 같아, 보기에…… 그런 것 같아, 너는…… 이런 것 같아."

미러링과 명명하기를 같은 대화 내에서 사용하면 부정적인 감정을 진정시키고, 상대에게 자신의 이야기를 들어준다는 느낌을 주며, 상대가 느끼는 감정의 전후 사정을 이해할 수 있다.

이 세 가지 기술을 마스터하면 어떤 관계에서든 중요하게 사용되는 기술 중 하나인 정서 지능을 갈고닦는 데 도움이 된다. 보스가 은행 강도들이 항복하고 인질들을 풀어주도록 설득할 수 있었던 이유는 압박이 심한 갈등 상황 속에서도 우리 대부분이 하지 못 하는 일을 해냈기 때문이다. 그는 경청했다.

앞서 언급한 협상의 도구는 우리 인생의 어떤 상황에서든 사용할 수 있다. 경청의 기술을 마스터할 수 있다면, 여러분의 직장

동료, 배우자, 심지어는 10대 딸과의 갈등도 성공적으로 해결할
수 있을 것이다.

- ## 스팽스의 설립자이자 CEO 사라 블레이클리

  대부분의 커플은 대수롭지 않은 일로 싸운다. 설거지, 운전 방
  식이나 주차 방식, 누가 쓰레기를 내다 버릴 것인가 등. 관계가
  좋은 커플은 긴장이 팽팽하고 어려운 순간에 적절한 유머를 사
  용하는 등 여러 방법을 통해 갈등의 수위를 적극적으로 낮춘
  다. 유머는 언쟁 상황에서 긴장의 수위를 낮추고, 당신과 파트
  너 사이를 갈라놓은 벽을 무너뜨리며, 당신이 정서적 인간이라
  는 사실을 상기시킨다.

  스팽스의 설립자, 사라 블레이클리는 사업가 제시 이츨Jesse Itzler
  와 15년간 결혼 생활을 이어오고 있다. 그녀는 인생이 때로는
  무겁게 느껴질 수 있는데, 침울한 분위기를 끌어올리고 당신을
  웃게 해주는 사람을 곁에 두는 것이 정말 중요하다고 말한다.
  블레이클리와 이츨러가 열띤 언쟁을 벌이게 되면, 이츨러는 그
  녀의 손을 잡고 슬로 댄스를 추기 시작한다.

  "실제로 도움이 됩니다. 우린 각자 빠른 속도로 움직일 수 있다
  는 것을 존중합니다. 누군가에게는 불편할 수도 있겠지만, 우

린 서로 이해합니다"라고 블레이클리는 말한다.

• 레스토랑 경영자 대니 메이어

유명한 레스토랑 경영자, 대니 메이어는 이런 말을 한 적이 있다.

"매일 새로운 실수를 해라. 예전 것을 반복하느라 시간을 낭비하지 마라."

일정 수준의 일관성과 완벽주의를 요구하는 업계에서, 대니 메이어는 어떻게 자기 팀이 실패에 대한 두려움 없이 실험을 감행하고 위험을 감수하도록 용기를 북돋아 주었을까?

그는 '실수하기 위한 5A The 5 As of Mistake-Making'라고 부르는 방법을 사용했다. 이 방법을 메이어는 이렇게 설명한다.

"첫 번째는 실수했다는 사실을 인지aware합니다. 두 번째, 실수를 인정acknowledge합니다. 세 번째, 실수에 대해 사과apologize합니다. 네 번째, 그에 대해 조처하고act 수정합니다. 다섯 번째로, 추가로 관용을 베풉니다apply."

매일 새로운 실수를 해라.
예전 것을 반복하느라
시간을 낭비하지 마라.

— 대니 메이어

단단한 관계로 이끄는
5 대 1 법칙

전 세계적으로 코로나19 팬데믹이 유행하고 열대성 폭풍이 몰아치며, 미국 전역에 사회적 불안이 팽배하던 2020년 7월에 우리 부부는 결혼했다. 나는 신혼부부였던 경험이 있었고, 내게는 아직 배울 점이 매우 많다는 사실도 인지하고 있었다. 하지만 일상생활에 치여 사느라 바빠 잊고 있었다.

그래서 자연스레 나는 내 뉴스레터 '더 프로필'의 독자들에게 그들이 생각하는 결혼에 관한 최고의 조언을 구했다. 독자들의 대답 덕분에 나는 한 가지 중요한 사실을 배웠다. **인생에서 마주하는 대부분은 마스터할 수 있는 하나의 기술이라는 점이다. 그렇**

다, 우리가 '사랑'이라 부르는 성스럽고, 감상적이며, 뭐라 말로 설명할 수 없는 그 감정까지도.

100쌍 이상의 커플이 내게 현명한 조언을 보내왔는데, 거기에는 '주기적으로 관계에 관한 감사를 전하라', '옹졸해지려는 자신을 제지하라', '서로의 꿈을 실현할 수 있도록 하라' 등이 있었다.

하지만 내가 5년, 15년, 30년간 결혼 생활을 이어온 커플과 이야기를 나눈 뒤 깨달은 사실은 더 나은 배우자가 되기 위한 공부엔 끝이 없다고 생각한다는 점이다. 다시 말해, 그들은 사랑하는 관계란 현재진행형이란 사실을 이해하고, 그렇기에 언제나 개선의 여지가 있다고 여긴다.

이런 마음가짐은 여러분이 이 장을 다 읽고 나자마자 바로 행동으로 옮길 수 있다는 데 큰 장점이 있다. 여러분은 완벽하지 않을 순 있지만, 개선의 가능성이 있다. 여러분이 항상 옳을 순 없지만, 그럴 수 있을 때까지 연습하면 된다.

심리학자 존 가트맨은 40년 이상 이혼 예측을 비롯해 결혼 생활의 안정성을 연구해 왔다. 가트맨은 스스로 '사랑의 방정식'이라 부르는 응용수학을 사용해 지난 수십 년간 모든 종류의 관계를 조사했다.

가트맨이 했던 연구 중 가장 유명한 프로젝트에서 그는 워싱턴 대학교에 '러브 랩Love Lab(사랑의 실험실)'이라는 아파트같이 생긴 실험실을 꾸몄다. 그리고 수천 명의 신혼부부를 영상으로 기록해 그들의 상호작용을 정량화할 수 있는 거대 데이터로 만들었다.

수집한 데이터를 토대로 가트맨은 실험에 참여한 부부들을 성공masters과 실패disasters라는 주요 그룹 두 개로 나누었다. 성공 그룹은 실험 후 6년이 지나도 여전히 함께 행복하게 지내지만, 실패 그룹은 헤어졌거나 만성적으로 불행한 결혼 생활을 하고 있었다.

가트맨은 결혼 생활의 안정성과 이혼을 더 잘 예측하기 위해 모델과 측정 기준, 공식을 만들었다. 가트맨의 연구는 결혼 생활에서 일어나는 갈등의 과정, 즉 커플이 어떻게 싸우고 화해하는지에 초점을 맞추며, 싸움의 내용에는 크게 관심을 두지 않았다.

지난 수십 년간의 연구와 경험을 토대로 가트맨은 커플이 헤어질지 영원히 행복하게 살지를 최대 94퍼센트의 정확도로 예측한다. 여기에는 이성이거나 동성 커플, 부유하거나 가난한 커플, 아이가 있거나 없는 커플 모두 포함된다. 가트맨은 1996년 파트너이자 아내인 줄리와 함께 가트맨 연구소를 공동 설립했다. 가트맨 부부는 연구에 참여한 커플들이 앞으로 그들의 관계에서 불가피하게 등장할 장애물들을 잘 피해 갈 수 있도록 단련시키는 데 초점을 맞추고 있다.

"더 나아지기 위한 노력을 하지 않을 때, 뭔가 잘못된 행동을 하지 않더라도 결혼 생활은 결국 시간이 지날수록 나빠지곤 합니다."

가트맨은 그의 저서, 『결혼의 성공 혹은 실패 원인: 당신의 결혼을 유지하는 방법Why Marriages Succeed or Fail: And How to Make Yours Last 』에서 이렇게 말했다.

"균형 잡힌 감정의 생태계를 유지하려면, 노력이 필요합니다. 낮 동안 당신의 배우자를 떠올리고, 좋은 관계를 어떻게 더 좋게 만들지 생각하고 실천하세요."

가트맨의 연구에서 큰 효과를 봐온 건 바로, 이 실천 부분이다. 모든 종류의 파트너십이 유지될 수 있도록 가트맨이 제안하는 다양한 전략은 다음과 같다.

첫 번째는 여러분이 속한 관계가 5 대 1의 비율the 5-to-1 ratio을 따르도록 해야 한다. 인생에서 맺는 어떤 관계든 거기에는 놀라운 비밀이 있다. **관계의 건강함과 수명을 결정하는 건 바로 일상적이고 평범한 순간들이란 사실이다.** 가트맨이 연구를 통해 발견한 구체적 결과 중 하나는 다른 커플보다 더 행복한 커플의 경우, 부정적 상호작용이 한 번 있을 때 긍정적 상호작용이 다섯 번의 비율로 이루어진다는 점이었다. 상호작용이 대단한 것일 필요는 없다. "미소, 끄덕거림, 심지어는 파트너의 이야기를 듣고 있다고 알리기 위한 작은 소리조차, 모두가 긍정적 상호작용입니다"라고 가트맨은 말한다.

이 마법의 비율은 관계의 긍정성을 높인다. 예를 들어, 여러분이 피곤하더라도 파트너를 위해 사려 깊거나 친절한 일을 하도록 스스로에게 상기시키게 된다. 부정적 상호작용이 한 번 있을 때마다 늘 더 많은 횟수의 긍정적 상호작용이 존재하는 한, 여러분은 관계의 안전지대에 있는 것이나 다름없다.

두 번째로 가트맨은 커플들이 서로의 '요청bids'에 어떻게 응답하는지 보면 그 관계가 성공인지 실패인지 구별할 수 있다고 말한다. 가트맨은 하루 동안 파트너들이 상대와의 연결을 요구하는 무작위적인 상황을 가리켜 '요청'이라 부른다. 파트너가 차를 열광적으로 좋아하는 마니아인데 도로 위에서 빈티지 쉐보레 콜벳Chevrolet Corvette을 발견했다고 가정하자. 파트너는 아마 "저 차 좀 봐!"라고 말하며 여러분도 봐주기를 원할 것이다.

비록 사소하게 들릴지 모르지만, 여러분의 파트너는 반응을 요구하는 '감정적 연결을 요청'하는 상황이다. 행복한 커플은 잠깐이라도 서로의 요청을 인지하고 반응한다. 가트맨은 **"'작은 일을 자주' 하는 것이 '큰일을 가끔' 하는 것보다 훨씬 더 중요하다"**라는 모토를 믿는다.

마지막으로 가트맨은 오래도록 지속되는 관계에는 보수의 기술the skill of repairment이 필수적이라고 말한다. 하지만 만약 방금 배

'작은 일을 자주'하는 것이
'큰일을 가끔'하는 것보다
훨씬 더 중요하다.

— 존 가트맨

우자와 대판 싸웠다면? 이미 너무 늦은 걸까? 걱정하지 마라. 행복한 커플조차도 서로에게 소리를 지르며 상대의 말은 듣지도 않는 추악한 싸움을 한다. 행복한 커플 역시 건강하지 않은 커플이 하는 행동 중 많은 부분을 공유한다. 하지만 어느 순간이 되면 행복한 커플은 대화하기 시작하고 싸움에서 벗어난다.

행복한 커플과 그렇지 않은 커플의 차이는 갈등이 곪아 터지도록 두지 않고 빠르게 해결하는 효과적인 전략이 있느냐다. 가트맨은 관계를 보수하려는 시도를 일컬어 '부정성이 통제할 수 없는 수준으로 확대되는 걸 방지하는 행동, 익살스럽거나 혹은 그 외 다른 분위기의 부드러운 말이나 행동'이라고 설명한다. 가벼운 미소, 잠깐의 휴식, 다시 한번 말해주길 묻는 행동 등 뭐든 될 수 있다.

즉 소통, 신뢰, 갈등 해결을 둘러싼 여러 기술을 쌓는 것이 행복한 파트너십의 열쇠다. '더 프로필' 뉴스레터의 한 독자가 내게 말한 것처럼 **사랑은 단순한 감정이 아니라, 하나의 기술이다.**

"사랑에는 노력이 필요합니다. 주기적으로 갈고닦아야 하죠" 라고 독자는 말했다.

"다른 여느 기술과 같이 사랑을 신선하고 활기차게 유지하기 위해 들어간 시간은 반드시 존중받아야 합니다. 그리고 다른 모든 중요한 기술과 마찬가지로, 사랑이라는 기술 역시 반드시 사용되어야 합니다."

- ## 배우 휴 잭맨

  휴 잭맨Hugh Jackman과 아내 데보라리 퍼니스Deborra-Lee Furness는 할리우드에서 결혼 생활을 오래도록 유지하는 커플 중 하나다. 그들은 결혼 전, '인생의 갈림길에 설 때마다 항상 서로의 눈을 바라본다'라는 단순하지만 강력한 약속을 했다.

  "그 갈림길이 어떤 경우에는 크거나 작기도 하고, 심지어는 나중에 뒤돌아보기 전까지는 갈림길에 서 있었다고 알아차리지 못할 때도 있습니다"라고 휴 잭맨은 말한다.

  결단을 내려야 하는 갈림길에 마주칠 때, 휴 잭맨 부부는 "우리 가족에게 좋은 길일까, 나쁜 길일까?"라는 질문을 서로에게 한다. 그리고 가능하다면 가족에게 도움이 되는 결정을 내린다.

- ## 투자자 찰리 멍거

  독일의 수학자인 카를 구스타프 야코프 야코비Carl Gustav Jacob Jacobi로부터 영감을 받은 찰리 멍거는 "항상 뒤집어서 생각하라"라고 말한다. 우리는 대부분 앞으로 나아가는 한 가지 방식으로 문제를 해결하려 시도한다. 하지만 멍거는 문제를 반대편에서 접근하면 얻을 수 있는 혜택이 있다고 말한다.

문제를 뒤집어서 거꾸로 생각하는 마음 모델이 어떻게 작동하는지 살펴보자. 예를 들어, "성공적인 결혼 생활을 위해 내가 할 수 있는 새로운 행동은 무엇일까?"라고 질문하기보다, "내 결혼 생활을 망칠 수 있는 행동은 뭐가 있을까?"라고 묻는 것이 훨씬 더 도움이 될지 모른다. 성공적인 파트너십을 위해 필요한 요소들을 찾느라 노력하는 것보다 가장 흔하게 이혼으로 이어지는 행동들을 피하는 것이 더 도움될 수 있다.

숨은 재능을 발굴하는 일상의 실천

- 신뢰는 복리로 쌓인다. 불신도 마찬가지다. 일관성이 핵심이다. 결국에는 촘촘히 그물망처럼 짜인 응당한 신뢰를 얻을 것이다. 그러면 인생과 비즈니스가 훨씬 더 단순해질 것이다.

- 경청, 미러링, 명명하기는 극도로 심각한 갈등도 진정시킨다.

- 사랑은 마스터할 수 있는 하나의 기술이며, 사랑하는 관계는 언제나 현재진행형이다.

- 행복하거나 성공적인 결혼을 위해서는 갈등이 없는 것만으로는 부족하다. 성공적인 결혼을 정의하는 건 대단한 것이 아닌 일상적이고 평범한 순간들이다.

- 배우자와 부정적인 상호작용이 있을 때마다 다섯 번의 긍정적인 상호작용을 일으키려고 해보자.

숙련된 스토리텔러가 되면 자기 자신과 타인들에게 큰 도움을 줄 수 있다. 하지만 항상 우리는 화자가 될 수 없다. 때때로 다른 사람에게 발언권을 주는 일도 중요하다. 효과적인 리더가 되기 위해선 타인에게 주도권을 넘겨 주는 일이 더더욱 중요하다. 세계적으로 가장 성공한 지도자들이 잘 알고 있는 효과적 리더십에 대해 다음 장에서 살펴보도록 하자.

9장

누구나 어쩌다 한 번은 리더가 된다

리더라고 하면 우리는 종종 대기업을 이끌거나 군인들을 전쟁에 내보내는 참모를 떠올리지만, 사실 여러분이 부모나 교사 혹은 형제자매 중 연장자라면 리더다. 명예훈장을 수여받은 카일 카펜터Kyle Carpenter는 이렇게 말한다.

"어디에서든 누군가는 당신을 바라보며 당신으로부터 배우고 있습니다. 당신은 가장 평범한 상황과 환경에서도 특별해질 수 있습니다."

여러분은 '리더'라는 단어를 들으면 성질 고약한 CEO가 떠오를지도 모른다. 하지만 나는 위대한 기업 경영의 사례를 살펴보고 난 후, 흔히 연상하는 CEO의 이미지와 실제는 상당히 다르다는 사실을 깨달았다. 직관에 반하는 이야기로 들리겠지만, **최고의 리더는 스스로 투명 인간이 되고자 하는 사람들이다.**

이 장에서 우리는 어떻게 투명 인간이 될 수 있는지 알아보려 한다. 또한, 가정과 직장에서 더 나은 리더가 되기 위해 전 세계적으로 사용되는 다른 기술들도 살펴보자.

어디에서든
누군가는 당신을 바라보며
당신으로부터
배우고 있습니다.

— 카일 카펜터

견고한 피라미드를
뒤집어라

많은 리더가 자신이 조직 피라미드의 꼭대기에 있다고 생각해 자기 조직에 하향식 접근 방식top-down approach을 채택한다. 하지만 팀을 운영하기 위해 더 효율적이고 혁신적인 방법이 있다면?

지난 10년간 스포티파이의 설립자 다니엘 에크Daniel Ek는 음악 스트리밍 서비스 업계의 대기업인 스포티파이에 비전형적인 리더십 플레이북을 만들어왔다. 개인적으로는 소심한 성격이지만 업무적으로는 대범한 에크는 창의성과 리더십에 대해 신선한 접근 방식을 채택하고 있다. 그는 생각을 날카롭게 다듬는 데 도움이 되는 오랜 시간 산책을 즐긴다. 가수 비욘세를 보며 창의적 프로세스에 관한 아이디어를 얻는다. 하루에 회의는 세 개 이상 잡지 않으려 한다.

가장 놀라운 사실은, 에크는 구조가 핵심인 조직에서 상명하복을 요구하는 리더가 아니라는 점이다. 에크는 스칸디나비아항공 CEO가 리더십에 대한 옳은 사고방식은 하향식 모델을 뒤집는 거라고 말하는 것을 들은 적이 있다.

"피라미드를 뒤집어서 자신이 가장 아래에 있는 사람이라고 생각해야 합니다"라고 에크는 말한다. "거기서 여러분은 모든 일이 완수되도록 하는 역할을 합니다. 이것이 바로 제가 스포티파이에서 하는 일에 대해 생각하고 있는 이미지입니다."

이와 반대로, 상향식 접근 방식bottom-up approach을 취하면 아이디어, 가치, 전략은 대부분 회사의 생명줄과도 같은 직원에게서 나온다. 고위 임원진은 팀이 계획을 빠르게 실행하는 데 도움이 되는 지원과 자원을 제공한다.

예를 들어, 에크는 각각의 유저를 위해 매주 업데이트되는 개인 맞춤형 스포티파이 플레이리스트인, 디스커버 위클리Discover Weekly를 출시하자는 프로덕트팀의 아이디어에 반대했었다. 그는 프로덕트팀에 여러 번 질문을 던졌고, 디스커버 위클리에 왜 그 모든 시간과 에너지를 쏟는지 물었다.

"만약 저 혼자였다면 100퍼센트 매장해 버렸을 아이디어였습니다. 그 서비스의 장점이 전혀 보이지 않았으니까요"라고 에크는 2018년《패스트컴퍼니Fast Company》와의 인터뷰에서 말했다.

프로덕트팀은 에크의 열의가 부족했음에도 계속 서비스 개발을 진행했다. 그리고 어느 날 갑자기 대중들에게 서비스를 출시했다.

"보도자료를 통해 출시 소식을 들었습니다. 이거 망하겠다고 생각했죠"라고 에크가 말했다.

그러나 디스커버 위클리는 스포티파이에서 가장 사랑받는 서비스 기능 중 하나가 되었다. 에크는 뒤집힌 피라미드에서 조직 내 리더들에게 힘을 실어주고 필요한 자원을 받도록 해 그들이 아이디어를 실행할 수 있도록 한다.

"전 대략적인 지시만을 줄 뿐입니다"라고 에크는 설명한다. "목표에 도달하는 데 필요한 모든 것을 제공하지는 않습니다."

이상적으로 보이지만, 이런 풀뿌리 형태의 리더십 접근 방식은 실행하기가 어렵다. 직원들은 일반적으로 CEO에게 정답과 가이드를 구하기 때문이다. 특히, 위기 상황엔 더욱 그렇다. 하지만 위대한 리더들은 가장 혼란스러운 시기에도 뒤집힌 피라미드에 더 나은 아이디어를 창출할 힘이 있다는 걸 알고 있다. 이것이 바로 그들의 숨은 천재성이다.

유명한 레스토랑 경영인 대니 메이어는 리더로서 9·11 테러,

2008년 경제 위기, 그리고 가장 최근에는 전 세계 팬데믹 사태 등 무수히 많은 위기를 겪었다. 에크와 마찬가지로, 대니털 메이어 역시 자기 자신을 "'서번트 리더십Servant Leadership'을 지지하는 상향식 관리자"라고 본다.

서번트 리더십은 지금은 고인이 된 로버트 그린리프Robert Greenleaf에 의해 유명해진 리더십 개념이다. 그린리프는 조직의 리더가 직원들에게 협업, 신뢰, 통찰, 경청, 권한을 부여할 때 가장 효과적인 리더십이 이루어진다고 믿었다.

"그 어느 조직 체계에서건 최고 보스가 가장 많은 힘을 쥐고 있는 건 명백합니다"라고 메이어는 그의 회고록『세팅 더 테이블』에서 말했다.

"하지만 전통적인 조직도를 거꾸로 뒤집으면 멋진 일이 일어납니다. V 자 형상으로 바뀌면서 보스가 가장 아래 있는 것처럼 보이죠."

연구에 따르면 '서번트 리더'는 신뢰의 분위기를 형성해, 직원들이 위험을 감수하고 회사를 앞으로 이끌어가도록 동기를 부여한다. 코로나19 팬데믹으로 인해 메이어의 회사, 유니언 스퀘어 호스피털리티 그룹Union Square Hospitality Group은 어쩔 수 없이 레스토랑 열아홉 군데의 문을 닫아야 했고, 이벤트 사업 부문을 접어야 했으며 2000명의 직원을 해고했다.

당시, 메이어는 팀원 중 한 명으로부터 메일 한 통을 받았다. 메일을 보낸 직원은 임신 중이었고 그녀는 자신의 인생에서 가장 행복한 날이 되어야 할 출산예정일이 오히려 건강보험료를 낼 수 있는 능력이 사라지는 날이 됐다고 슬퍼했다.

메이어는 그의 팀과 브레인스토밍 시간을 가졌고, 그들은 아이디어를 제안했다. 위기 사태로 영향을 받은 동료 직원을 위해 크라우드 펀딩 사이트인 고펀드미GoFundMe를 통해 캠페인을 벌이기보다는, 유니언 스퀘어 그룹 직원들을 위한 구제 기금을 마련하는 건 어떨까 하는 의견이 나왔다.

CEO 메이어는 그 아이디어를 승인했고 자신의 급여 100퍼센트와 상품권 카드 매출 전액을 기부했다. 그 결과, 구제 기금으로 총 150만 달러가 모여 유니언 스퀘어 그룹에 근무했던 직원들에게 돌아갔다.

위기 상황에서 실험적 행동을 선택하기란 쉽지 않지만, 메이어는 그것이 바로 기업의 존폐를 가르는 결정적 차이라고 믿는다. 그는 직원들에게 종종 이런 말을 한다.

"매일 새로운 실수를 해라. 과거의 실수를 답습하느라 시간을 낭비하지 마라."

특정 수준의 일관성과 완벽주의를 요구하는 업계에서 오히려 실수를 권장하는 그의 철학에 관해 물으니, 메이어는 내게 매우 간단한 논리라고 설명했다.

"의도치 않은 실수로 곤경에 처할까 봐 두려워하는 문화가 있다면 그 기업의 혁신 가능성은 매우 낮아지게 됩니다."

피라미드를 뒤집으면서 메이어는 레스토랑의 생명줄과 다름없는 직원들의 성장을 이끌고 권한과 리더십을 부여할 수 있었다. 메이어는 회고록에서 이렇게 말한다.

"타협을 모르는 확고한 기준과 자신감을 북돋우는 재다짐, 이 두 가지의 균형 잡힌 조합은 여러분이 이끄는 팀에 매우 분명하고도 일관된 메시지를 전달합니다. '나는 여러분을 믿고 있고 내가 승리하길 바라는 만큼 여러분의 승리를 응원한다'라는 메시지죠."

· 노벨 평화상 수상자 리마 보위

리마 보위Leymah Gbowee는 평화를 지지하는 운동을 이끌고 여성의 연대를 통해 14년간 이어진 리비아 내전을 종식하는 데 공을 세운 운동가다.

어느 질의응답 시간에 나이지리아 출신 컬럼비아 대학교 학생이 보위에게 서구에서 교육받은 아프리카인이 조국에 돌아갔을 때 어떤 유의미한 변화를 가져올 수 있을지 물었다. 이 질문에 보위는 다음과 같이 답했다.

"'돌아가서 우리 민족을 구해야지'라는 생각은 하지 마세요." 그녀는 말을 이었다. "저를 보십시오. 컬럼비아 대학 학위로 조국을 구할 수 있을까요? 솔직히? 후배 여러분, 나이지리아에 돌아가서 그런 시도는 하지 마세요."

그리고 그곳에서 매일 살아가는 사람들의 믿음을 얻고, 신뢰를 구축하고, 무엇이 필요한지 파악하려면 시간이 필요하다고 말했다.

"배우고, 봉사하길 원하는 자세로 다가가세요. '난 뉴욕에서 살았고 컬럼비아 대학교 학위를 따서 돌아왔다'라는 태도 말고요. 그러지 않으면 여러분은 다시 미국으로 줄행랑치게 될 겁니다."

보위에 따르면 진정한 리더십은 자기 자신을 위해 힘을 비축해두기보다 다른 이들에게 힘을 실어주는 것이다.

· **교육자 에스더 워치츠키**

구성원들이 집안의 규칙을 지키게 하는 데 어려움을 겪고 있는가? 교육자 에스더 워치츠키Esther Wojcicki는 가족 내에서 상향식 접근 방식을 시도해 볼 것을 권장한다.

예를 들어, 자녀들이 스크린 앞에서 보내는 시간을 제한하고 싶다면, 가족회의를 소집해서 자녀들 스스로 공정한 규칙을 만들어내길 바란다고 말하라. 자녀들도 규칙을 만드는 과정에 참여할 수 있도록 하라. 그들이 내놓는 아이디어가 놀라워 기특한 기분이 들지 모른다.

자신들의 아이디어를 남에게 말하고, 도전과 존중을 받는 민주적 과정에 자녀들이 더 많이 참여할수록 여러분 자녀는 타인에게도 똑같이 행동하는 법을 배울 것이라고 그녀는 말한다.

· 사회심리학자 로버트 치알디니

리더로서 여러분은 팀원들의 의견을 반영해 회사에 민주적 문화를 싹틔우길 바란다. 어떻게 하면 가능할까? 그러기 위해서 리더는 일체감, 협동심, 유대감을 형성해야 한다.

'설득의 대부'라 불려온 사회심리학자 로버트 치알디니Robert Cialdini는 여러분이 사용하는 단어 중 한 단어만 바꾸면 된다고 말한다. 사람들에게 의견을 묻는 게 아니라, 조언을 구하는 것이다.

"조언을 구하면 파트너십을 유도하게 됩니다"라고 치알디니는 말한다. "조언이라는 단어는 협동과 유대를 떠올리게 합니다."

당신의 인생에
시스템을 도입하라

쇼피파이의 설립자이자 CEO인 토비 뤼트케는 일과 인생의 문제를 해결하기 위해 시스템을 사용하는 데 집착한다. 그는 효율에 관해 단순한 규칙을 가지고 있다.

"만약 어떤 일을 한 번 해야 한다면 그건 괜찮습니다. 하지만 같은 일을 두 번 해야 한다면, 약간 짜증이 나죠. 세 번 해야 한다면, 그 일을 자동화하려고 시도할 겁니다."

뤼트케는 기업가로서 자신이 지닌 가장 큰 장점은 프로그래머로 일을 시작한 경험이라고 말한다. 프로그래밍 덕분에 그는 체계적으로 사고하는 법을 배웠다.

"대부분의 사람은 기본적으로 원인과 결과에 대해 생각하지만, 세상은 그렇게 돌아가지 않습니다. 실제로 세상은 연속적이지 않은 고리 형태의 시스템 내에서 움직이고 있어요."

우리 인생처럼 하나의 회사도 무수히 많은 복잡한 시스템으로 구성되어 있고 각 시스템은 또 다른 시스템에 영향을 끼친다. 이미 확정되어 변경 불가능한 건 거의 없다. 조직부터 소통, 인센티브까지 모든 것이 시스템 안에 존재한다.

뤼트케는 더 나은 결과를 얻길 바란다면, 성과가 아닌 시스템에 초점을 맞춰야 한다고 믿는다. 이는 현실에서 어떤 모습으로 구현될까? 먼저, 성과 기반 사고방식과 시스템 기반 사고방식의 차이점에 대해 인지해 보자.

당신이 실수했다고 치자. 성과 기반 사고방식은 당신이 그 특정 실수를 다시 하지 않도록 하겠지만, 시스템 기반 사고방식은 그 특정 실수뿐 아니라 미래에 있을 수 있는 수백 가지 유사한 실수도 하지 않도록 할 것이다. 애초에 그 실수를 왜 했는지 근본 원인을 파악했기 때문이다. 뤼트케는 다음과 같은 위대한 조언을 선사한다.

"항상 당신을 지금 위치에 있게 한 시스템을 이해하라."

그는 기업가 정신이란 한 걸음 뒤로 물러서서 전체 그림을 볼 수 있는 능력이라고 말한다.

만약 어떤 일을
한 번 해야 한다면
그건 괜찮습니다.
하지만 같은 일을
두 번 해야 한다면,
약간 짜증이 나죠.
세 번 해야 한다면,
그 일을 자동화하려고
시도할 겁니다.

— 토비 뤼트케

"초창기 기업의 좋은 점이 바로 그겁니다. 열 명의 직원을 두고 한 가지 제품을 하나의 잠재적 시장에 판매할 때, 여러분은 실제로 칠판 하나에 전체 시스템의 다이어그램을 그려낼 수 있습니다. 일단 시스템 모형을 그리고 나면, 전체 상황에 대해 살펴보고 지금 위치에 어떻게 도달했는지 생각하십시오. 거기에 비결이 숨어 있습니다."

예를 들어, 뤼트케는 자신의 일정을 여러 다른 색깔로 구분하는 컬러 코딩 방식으로 관리한다. 제품과 관련된 건 빨간색, 투자자 및 이사회와 관련된 건 청록색으로 구분한다. 그가 추구하는 건 균형 잡힌 한 주다.

"이상적으로, 적어도 한 주의 30퍼센트는 제품에 몰두하고 가능하다면 나머지는 채용, 더 큰 그림을 그리는 프로젝트, 일대일 면담 등에 사용하려고 최대한 노력하고 있습니다."

일정을 컬러 코딩하는 작은 시스템을 통해 당신의 시간 대부분을 정확히 어디에 쓰고 있는지 파악할 수 있다.

시스템은 역경이 닥친 순간에 여러분에게 길을 보여주는 지도와 같은 역할을 하기도 한다. 시스템 기반의 조직에서는 정보가 자유롭게 흐르고, 문제 해결을 위한 명확한 청사진을 갖추고 있다.

디자인 플랫폼 캔바의 CEO 멜라니 퍼킨스는 회사가 커지면서 그에 맞는 시스템을 반드시 구축했어야 했다고 말한다. 퍼킨스와 공동창립자 클리프 오브레히트Cliff Obrecht, 단 둘뿐이었을 땐 소통이 쉬웠다. "처음에는 탁자 하나에 몇 안 되는 직원이 둘러앉을 정도의 규모였고 다른 사람이 무슨 일을 하는지 서로 항상 알고 있었죠"라고 퍼킨스는 말한다.

하지만 직원이 2000명 이상으로 늘어난 지금, 그건 더는 불가능하다. 그래서 퍼킨스와 그녀의 리더십팀은 시스템 기반 플랜을 고안해 각 팀 사이에 빈틈없는 소통이 이루어지도록 했다.

한 주 동안, 각 팀은 달성하고자 하는 기준에 매일 어느 정도 도달했는지 확인한다. 금요일이 되면 캔바의 각 팀은 전사적으로 스탠드업 미팅을 열어 진행 상황, 교훈, 배운 점을 공유한다.

"작지만 단단한 힘을 지닌 팀 구조를 통해 모든 직원이 빠르고 민첩하게 움직일 수 있도록 합니다"라고 퍼킨스는 말한다. 이것이 바로 캔바가 성숙한 기업의 규모로 성장했음에도 스타트업의 유연성을 유지한 비결이다.

이제 여러분 자신의 인생에 시스템 기반 사고를 적용해 보자. 어떤 상황에서 여러분은 시스템 기반 사고방식을 사용할 수 있을까? **목표(혹은 결과)를 가지고 시작해서 거꾸로 일하는 것이 핵심이다.**

- 만약 원하는 결과가 마라톤 완주라면 훈련 일정 수립, 매일 일정

킬로미터 달리기, 건강한 식단 준비하기가 시스템이 된다.
- 만약 원하는 결과가 도서 집필이라면 책으로 쓸 만한 주제 찾기, 출판사 설득하기, 개요 만들기, 매주 한 장씩 쓰기가 시스템이 된다.
- 만약 원하는 결과가 사업 시작이라면 여러분이 해결할 수 있는 문제 파악, 팀 구성, 운영 계획 수립, 제품 시장 테스트가 시스템이 된다.

시스템 기반 사고는 인생의 오토파일럿(선박이나 항공기의 자동조종장치 - 옮긴이)을 끄고, 당신의 인생이 돌아가는 과정을 직접 자세히 살피도록 하며, 당신이 통제할 수 있는 행동에 시선을 고정하도록 한다.

• 스팽스의 창립자 사라 블레이클리

기업가인 당신에게 시간은 가장 훌륭한 자원이다. 스팽스의 창립자, 사라 블레이클리는 사업이 커가는 과정에서 온종일 여러 부서의 질문 공세에 시달려 머릿속이 산만한 상태인 자신을 발견했다.

그래서 그녀는 '시간 나눠 담기'라 부르는 시스템을 도입했다.

문제를 대강 그럴듯하게 대처하고 넘어가기보다 그 문제에 하루를 완벽히 쏟아붓는 방법으로, 수요일에는 창의적 활동과 브랜딩에 몰두하고 목요일에는 제품 아이디어만 생각하는 식이다. "이 방법을 통해 전후 사정을 반영한 의사결정을 할 수 있게 되었습니다"라고 블레이클리는 말한다.

- **연쇄 창업가(Jet.com과 Diapers.com의 창립자) 마크 로어**

대부분의 스타트업에서는 기업 문화 철학이란 단순히 이론적인 틀에 박힌 것일 뿐이라고 여긴다. 제트$^{Jet.com}$를 만들 당시, 마크 로어$^{Marc\ Lore}$는 '투명성, 신뢰, 공정성'이라는 세 가지 실천 강령에 따라 회사를 운영했다. 그렇다면 이 강령들이 실제로 의미하는 바는 무엇일까?

- 투명성은 회사가 정보를 숨기지 않고 공유한다는 의미다. 이사회가 열리면, 로어는 이사회 발표 자료 전체를 전 직원에게 배포한다. 그는 발행 주식 수와 주식 가치, 우선주와 보통주의 차이, 보통 주주로서 직원들이 어느 정도로 평가되며 그들의 주식 가치는 어느 정도인지 역시 모두 공개했다.

- 신뢰는 '어떤 일을 하기 위해 (직원을) 채용하고, 그들이 당신보다 그 일에 대해 더 잘 안다고 믿고, 사소한 것에까지 관여하지 않으며, 직원에게 필요한 자원을 주고 그 일을 해내도록 한다'는 의미를 지닌다.
- 공정성은 제트의 보상 시스템과 관계된 강령으로, 같은 수준의 직원이라면 누구나 같은 급여를 받는 제도다.

• 올림픽의 전설, 마이클 펠프스의 오랜 코치 밥 바우먼

밥 바우먼Bob Bowman은 달성할 수 있는 수준의 매우 작은, 단기 목표 시스템이 필요하다고 말한다. 예를 들어, 당신의 목표가 올림픽 출전이라면, 내년에 무엇을 해야 할지 파악해야 한다. 이는 해야 할 일을 매우 구체적인 이벤트들로 나눠야 함을 의미하며, 거기에는 여러분이 그 작은 목표를 이루길 원하는 정확한 시기도 포함된다.

바우먼의 프로그램은 성공에서 과정은 어떤 결과보다도 중요하다는 개념을 기반으로 한다. 다시 말하자면, 당신이 과정에 집중하면 결과는 저절로 따라올 거란 뜻이다. 바우먼은 종종 전설적인 대학 축구부 코치 닉 사반의 말을 인용한다.

"득점판은 보지 마라. 다음 경기를 이어가라."

바우먼은 여러분이 하는 생각이 여러분의 경기력에 영향을 미친다고 강조한다. "저는 선수들에게 '금메달은 네가 어떻게 할 수 있는 게 아니다. 경기 당일, 다른 선수가 너보다 더 잘할 수도 있다'라고 말합니다." 바우먼은 그의 저서 『황금률^{Golden Rules}』에서 이렇게 말했다.

"하지만 선수들이 기록을 경신하고 가능한 최고의 기록을 세우겠다는 목표를 세운다면, 뭔가 손에 잡히는 목표, 즉 달성할 가능성이 있으며 자신들의 통제하에 있는 목표를 떠올릴 수 있게 됩니다."

특점판은 보지 마라.
다음 경기를 이어가라.

— 닉 사반

리더가
투명망토를 쓴다면

마크 베르톨리니Mark Bertolini는 우리가 흔히 생각하는 포춘 500대 기업 CEO처럼 깔끔한 정장을 차려입은 사람이 아니다. 스포츠에 대한 열정을 표현한 문신을 하고, 가죽 재킷을 입으며 커다란 해골 반지를 착용하는 걸로 잘 알려진 그는 브리지워터 어소시에이츠Bridgewater Associates의 공동 대표로 자신을 '급진적 자본가'라고 지칭한다.

나중에는 멋있는 행동으로 인정받았지만, 당시에는 파격적이었던 베르톨리니의 과거 행동들은 급진적 자본주의에 해당한다고 말할 수 있다. 최저임금을 인상했고, 사후 정산되는 소액 비용들을 처리했으며, 직원의 학자금 대출을 대신 갚아주었고, 회사의 발전을 위해 더 많은 투자를 아끼지 않았다.

하지만 베르톨리니가 항상 이렇게 공감 능력이 뛰어나고 깨달은 바를 실천하는 인물을 아니었다. 디트로이트의 노동자 계층 집안에서 성장한 그는 반드시 성공하리라 다짐했다. 웨인 주립 대학교에서 (두 번이나 낙제해 무려 8년이나 걸렸지만) 회계학 학위를 받고 졸업한 그는 MBA를 따기 위해 코넬 대학교에 진학했다.

사회 초년생 당시, 베르톨리니는 미안한 기색이라곤 찾아볼 수 없을 정도로 경쟁심이 강했고 공격적이었으며 때때로 무자비하기까지 했다. 마구잡이식의 엄격한 리더십으로 잘 알려졌던 나머지 직원들 사이에서 다스 베이더(영화 〈스타워즈〉 시리즈에 등장하는 가공의 인물로, 은하 제국의 독재 통치를 위해 애쓰는 교활하고 잔혹한 집행자─옮긴이)라는 별명으로 불릴 정도였다.

"제가 건물에 들어서면, 직원들이 다스 베이더 등장 음악을 콧노래로 부르곤 했습니다. 그만큼 당시 저는 남을 괴롭히며 살았죠"라고 베르톨리니가 인터뷰 당시 내게 말했다.

수단과 방법을 가리지 않던 그는 드디어 성공을 거머쥐었다. 엄청나게 많은 돈을 벌었고 저택에서 살며 그가 일하는 분야에서 존경받는 인물이 되었다. 하지만 거기에는 대가가 따랐다. 가족과 함께 보내는 시간은 점점 더 줄었고, 기업 문화가 그의 가치

관과 맞지 않게 흘러갔다.

그리고 그에게 인생을 바꾸는 두 번의 경종이 울렸다. 2001년 그의 아들 에릭이 희귀하면서도 치명적 형태의 림프종을 진단받았다. 2004년에는 베르톨리니 자신이 스키 사고로 목이 다섯 군데 부러졌다.

그는 이 두 번의 경험을 통해 미국의 건강보험 시스템은 환자가 중대한 건강 문제를 맞닥뜨린 이후에 충분히 회복하도록 도와주지 못한다는 사실을 깨달았다. 그는 '건강'이 지닌 의미의 범위를 넓혀, 건강한 사람이 생산적인 사람이자 곧 행복한 사람이라고 정의했다.

당시 건강보험사 에트나^Aetna의 CEO였던 베르톨리니는 자사 내부로부터 변화를 꾀하기 시작했다. 회사는 번창하고 있었지만 직원들은 그렇지 못했고, 많은 직원이 저소득층을 위한 공공 건강보험 프로그램인 메디케이드^Medicaid와 정부에서 제공하는 식료품 할인 구매권인 푸드 스탬프^food stamp를 사용하고 있었다. 베르톨리니는 직원 복지를 완벽히 개선하면서, 최저 시급을 16달러로 올렸고 요가와 명상 클래스를 제공했다.

베르톨리니는 한 회사의 고용인이 단순히 '자본주의의 도구'가 아니란 사실을 깨달았다. 어떤 조직이건 직원이 주춧돌이며, 열심히 일하는 직원이 기반이 되지 않으면 그 회사는 실패할 운명이란 사실도 배웠다. 베르톨리니는 훌륭한 리더란 다음의 두 가지를 행한다고 믿는다.

1. 직원의 니즈를 파악한다.
2. 직원을 방해하지 않고 비켜준다.

첫 번째 교훈은 아버지로부터 배웠다. 베르톨리니는 열네 살에 시간당 1600원을 받으며 아버지의 자동차 정비소에서 일하고 있었다. 어느 날, 그는 20대의 동료 제리는 시간당 5700원을 받고 있다는 사실을 알게 되었다. 베르톨리니는 아버지에게 따졌고 다음과 같은 대화를 했다.

"아빠, 전 1600원을 받는데 제리는 5700원을 받고 있어요. 제 시급도 올려주세요."

"올려주지 않으면 어쩔 거냐?"

"관둘 거예요."

"정말이냐? 관둔다니? 다른 일이 있긴 하고?"

"아뇨."

"잘됐네. 멍청한 녀석아, 넌 이제 해고다. 집에 가거라."

나중에 아버지는 그때의 일을 가르침의 순간으로 활용했다. 그는 베르톨리니에게 제리의 사연에 대해 아느냐고 물은 뒤, 이렇게 말했다.

"제리는 멋진 청년이란다. 부양할 가족도 있고 집세도 내야 하는데 어린 자식까지 있어. 게다가 제리는 앞으로 평생 직업이 될 일의 정점에 오른 상태야. 그래서 난 제리의 가족을 돕는 거다. 그게 시급 5700원을 주고 있는 이유란다."

아버지는 베르톨리니에게 다시 일하고 싶은지 물었고, 베르톨리니가 열정적으로 그렇다고 대답하자 이렇게 말했다. "좋아, 네 시급은 이제 1300원이다." 베르톨리니의 시급은 300원 깎였다.

이 경험을 통해 베르톨리니는 생계를 꾸린다는 일의 가치, 주어진 자격만으로는 어떤 것도 이룰 수 없는 이유, 그리고 진정한 리더가 어떻게 직원의 니즈를 세세히 파악하는지 배웠다.

리더십에 관한 두 번째 교훈은 베르톨리니가 동양의 종교를 공부하기 시작하면서 깨달은 것이다. 그는 도교의 근본 사상을 담고 있는 노자의 『도덕경』에서 영감을 받았다. 그리고 자신의 비즈니스 리더십에 어떻게 적용할 수 있을지 생각했다. 그 결과, '도교적 리더십의 4단계The Four Levels of Taoist Leadership'를 고안하기에 이르렀다.

2019년 《비즈니스 인사이더Business Insider》에서 베르톨리니는 도교적 리더십의 4단계에 대해 이렇게 설명했다.

"1단계는 직원들이 당신을 싫어하는 단계입니다. 2단계가 되면 직원들이 당신을 두려워하죠. 3단계에서는 직원들이 당신을 칭찬합니다. 마지막 4단계에서 투명 인간이 됩니다. 조직이 스스로 잘 해내고 있기 때문이죠."

다음은 베르톨리니의 리더십 철학에 영감을 준 『도덕경』의 구절이다.

진정한 통치자가 지배할 때, 사람들은

그의 존재를 거의 인지하지 못한다.

다음 단계의 통치자는 사랑받는 통치자,

그다음은 두려움의 대상이 되는 통치자이며,

최악의 통치자는 사람들이 경멸하는 통치자다.

당신이 사람을 믿지 못하면,

그들을 신뢰할 수 없게 만드는 것이다.

진정한 통치자는 말하지 않고, 행동한다.

그의 일이 끝나면,

사람들은 이렇게 말한다.

정말 놀라워요.

우리 힘으로 해냈어요.

에트나에서 베르톨리니의 마지막 행보는 에트나가 CVS 헬스

CVS Health에 매각되도록 이끄는 일이었다. 리더로서 당신이 남겨 줄 유산은 당신의 직원들이 리더 없이도 조직을 미래로 이끌어 갈 능력과 기술을 갖추도록 하는 것이다.

- **LVMH(루이뷔통 모에 헤네시)의 CEO 베르나르 아르노**

펜디, 불가리, 돔페리뇽, 지방시 등 70여 개의 브랜드와 함께, 베르나르 아르노Bernard Arnault는 세계 최대 규모이자 가장 성공한 명품 공급사를 세웠다. 많은 사람이 아르노를 훌륭한 자본가, CEO, 전략적 사업가로 보지만, 리더로서 그의 가장 중요한 역할은 창의력 조력자라는 걸 이해하는 사람은 많지 않다. 아르노는 패션계에서 일해온 기간 내내 각 패션 하우스마다 존재하는 창의적인 인물들을 항상 신뢰했다고 말한다.

"창의적인 사람들 주위에서 전형적인 관리자처럼 생각하고 행동하면서 규칙, 정책, 고객 선호도 데이터 등을 운운한다면, 여러분은 그들의 재능을 즉시 말살하고 있는 거나 마찬가지입니다"라고 아르노는 말한다. "어떤 창작팀이 자신들의 제품에 대해 믿고 있다면, 당신은 그 팀의 직감적 본능을 신뢰해야 합니다."

최고의 CEO, 훌륭한 마케팅, 빛나는 사업 전략이 있어도, 기업을 이끌어가는 창의력이 없다면 아무것도 없는 것이나 마찬가지다. 아르노는 혁신과 참신함을 추구하는 비즈니스에 종사하고 있다면, 리더로서 가장 우선시해야 할 것은 제품의 품질이어야 하며, 또한 한발 물러서서 팀을 전적으로 신뢰해야 할 때가 언제인지 알고 있어야 한다고 말한다.

· 패션계 거물 브루넬로 쿠치넬리

패션계 거물인 브루넬로 쿠치넬리는 직원에게 투자하는 것이 장기적으로 기업에 이득이 되는 전략이라는 사실을 알고 있다. 그는 직원들에게 경쟁사보다 더 높은 임금을 지급한다. 전사적으로 점심시간은 90분이며, 가족에게 식사를 차려주기 위해 집에 다녀와도 되고 직원 할인이 대폭 적용되는 구내식당에서 먹어도 된다.

또한, 쿠치넬리는 사내 도서관을 만들어 다양한 언어로 번역된 단테, 카프카, 프루스트, 러스킨, 롤스, 니체, 데리다, 들뢰즈의 작품을 구비하고 직원과 방문객들이 차분히 앉아 읽을 수 있도록 독려한다. 그의 이런 행동은 다음과 같은 사고 과정에서 나온 것이다.

"내가 직원들에게 적절한 근무 조건을 제공하고 아름다운 공간에서 일할 수 있도록 한다면, 그들은 자신이 조금 더 나아진 기분이 들 것이다. 자신이 일함으로써 단순히 제품 생산이 아니라 더 나은 무언가가 만들어진단 걸 알게 되며, 더 나아가 창의적인 생각이 떠오를 수도 있기 때문이다."

창의적인 사람들 주위에서
전형적인 관리자처럼
생각하고 행동하면서
규칙, 정책, 고객 선호도
데이터 등을 운운한다면,
여러분은 그들의 재능을
즉시 말살하고 있는 거나
마찬가지입니다.

— 베르나르 아르노

숨은 재능을 발굴하는 일상의 실천

- 가장 훌륭한 리더들은 조직의 피라미드를 뒤집어서 하향식이 아닌 상향식 접근법으로 조직을 이끈다.

- 서번트 리더십에서 아이디어, 가치, 전략은 직원에게서 나온다. 임원진은 팀들이 계획을 실행할 수 있도록 지원과 자원을 제공한다. 서번트 리더십은 어떤 크기의 조직에도 적용할 수 있으며, 심지어 가족 내에서도 사용할 수 있다.

- 결과보다는 시스템을 완벽하게 갖추는 데 초점을 맞추라. 그렇다면 결과는 저절로 따라올 것이다.

- 시스템 기반 사고는 오토파일럿을 끄고, 당신의 인생이 돌아가는 과정을 자세히 살피도록 하며, 당신이 통제할 수 있는 행동에 시선을 고정하도록 한다.

- 훌륭한 리더는 직원의 니즈를 파악하며, 그들에게 방해되지 않도록 비켜준다.

명확함은 필수이지만, 과연 무엇을 위한 걸까? 자기 계발이 그 자체로 긍정적인 목적이 될 수 있다. 하지만 그 너머에 무언가가 존재한다. 이어질 다음 장에서 알아볼 내용은 세계적으로 가장 성공한 사람들이 구축하는 강력한 공동체에 관한 이야기다. 그들이 공동체를 통해 진정한 차별화를 이루는 법에 대해 알아보자.

10장

여러 명으로 똘똘 뭉친 팀은
한 명의 천재를 이긴다

여러분이 외로움에 대해 생각할 때, 슈퍼히어로를 떠올리진 않을 것이다. 발 킬머Val Kilmer는 1990년대를 구가하던 배우로, 영화 <배트맨>의 배트맨, <탑건>의 아이스맨, <툼스톤>의 닥 홀리데이, <도어즈>의 짐 모리슨을 연기했다.

1995년까지 그가 영화 한 편당 벌어들이는 수익은 600만 달러에 달했다. 하지만 시간이 지나며 킬머는 사회적 은둔자가 되었고, 지금은 "외로움을 느끼는 순간이 매일 있다"라고 인정하고 있다.

당신이 세계적으로 유명한 배우이건 사회적 관계가 몇 없는 할머니이건, 외로움은 보편적인 인간의 경험이다. 하지만 고독과 다르게, 외로움은 딱히 즐겁지 않은 기분이다. 외로움과 싸우기 위해, 사람들은 점성술에 관심을 돌리거나 외로움을 완화하는 약물의 임상 실험에 참여한다.

세계에서 고령 인구가 가장 많은 국가인 일본에서는 외로운 여성 노인들이 연대할 공동체와 감옥이라는 안정감을 좋아 결국 상점에서 물건을 훔치는 선택을 하기도 했다.

우리는 여러 SNS 플랫폼상에서는 활동적일지 모르나, 여전히 인간적인 연결을 절실히 원한다. 외로움과 싸우고 싶어하며 더 의미 있고 원대한 무언가의 일부가 되고자 소망한다.

그렇다면 한 공동체 일원으로서 당신이 맺어온 기존의 유대 관계를 어떻게 강화할 수 있을까? 또한 서로 생각이 비슷한 사람들을 모아 소속감과 충성도가 높은 공동체를 새로 만드는 방법은 무엇일까?

공동체는
외로움의 해독제

외로움에 대해 생각하면 나는 종종 《롤링 스톤Rolling Stone》에 실린 일론 머스크의 프로필을 떠올린다. 그 기사에서 억만장자가 된 사업가, 일론 머스크는 작가 저스틴 머스크Justine Musk와의 결혼, 배우 털룰라 라일리Talulah Riley와의 결혼, 배우 앰버 허드Amber Heard와의 이별에 관해 이야기한다. 인터뷰 도중 일론 머스크는 고개를 저으며 얼굴을 찡그리고 이렇게 말한다. "사랑하고 있지 않고 오래도록 함께할 동반자가 없으면 전 행복할 수 없습니다."

어떤 이는 상대방이 없으면 자기 자신이 아무것도 아닌 것처럼 느낄 정도로 누군가를 간절히 필요로 하는 건 상호 의존이라고 설명한다. 하지만 머스크는 그에 반대하며 이렇게 답한다. "그렇지 않습니다. 저는 누군가 함께 있지 않으면 절대 행복하지 않습니다. 혼자 잠자리에 드는 건 죽기보다 싫습니다."

정상에 서면 외로운 법이다. 하지만 누구나 그런 건 아니다. 밑바닥에서 외로웠던 사람은 정상에 올라서도 외롭다. 그렇다면 오늘날 우리는 마음이 불안하고 외로운 억만장자가 되지 않으려면 무엇을 해야 할까?

머스크의 이야기에서 드러나듯, 외로움이란 일종의 주관적인 감정이다. 물론 인간관계의 질도 중요하겠지만, 우리가 그 관계에 대해 스스로 어떤 이야길 하고 있는지가 더 중요하다. 이에 대해 조금 더 자세히 알아보자.

먼저, 외로움과 고독의 차이에 관해 이야기해 보자. 아마 여러분은 '아니, 우린 이렇게 많은 소셜 네트워크에 속해 있잖아! 그런데도 왜 여전히 인간적인 연결을 간절히 원하는 거야?'라고 생각할지 모른다.

우리가 경험하는 고립의 대부분은 자초한 것이다. 우리는 누군가와 함께 있길 바라면서도 혼자만의 시간에 기쁨을 느낀다. 코미디언 존 멀레이니John Mulaney는 이런 말을 했다.

"때때로 저는 누군가에게 이렇게 말하곤 해요. '맞아, 최근에 나 정말 외로웠어.' 그러면 상대방은 '아, 그럼 우리 약속 한번 잡아야겠네'라고 대답합니다. 그러면 전 이렇게 생각하죠. '아니, 내 말은 그게 아니야. 내가 바라는 건 전혀 그런 게 아니라고.'"

혼자 있는 건 좋은 거라고, 스스로를 돌보는 일이라고 우리 사회는 말한다. 친구가 힘든 시기를 겪고 있을 때, 우리는 친구에게 격려를 가장한 외로움이라는 처방을 내린다. 힘든 이별을 겪었다면? 책 『먹고 기도하고 사랑하라』를 가지고 한 달 동안 조용히 명상하는 휴가를 떠나라. 직장에서 힘든 한 주를 보냈다면? 와인 한 잔 마시면서 모든 약속을 취소하고 무감각해질 때까지 넷플릭스를 몰아보라.

우리 문화는 고독과 외로움의 차이를 모르기 때문에, 모순된 메시지를 보낸다. 고독은 우리가 감정을 조절할 수 있게 하지만, 외로움은 우리를 둔해지게 한다. 외로움의 영향을 연구한 존 카치포오John Cacioppo 교수는 "실제적 고립과 인지적 고립 사이에는 큰 차이가 존재합니다. 여기서 인지적 고립은 외로움을 뜻합니다"라고 말했다.

나는 여러 형태로 나타나는 외로움에 관해 수년간 글을 써온 작가 로라 엔티스Laura Entis와 고립 상태의 과학에 관한 인터뷰했다. 그녀는 실제적 고립과 인지적 고립의 차이를 이렇게 설명했다.

"외로움은 인지된 사회적 고립이거나, 당신이 바라는 사회적 관계와 당신이 인지하는 사회적 관계의 차이를 의미합니다. 혼자 있을 때 외로울 수 있는 건 당연하지만, '군중 속의 외로움'이라는 말 역시 사실일 수 있습니다. 주변인들과 관계를 갈구하지만, 그들에게 둘러싸여 있어도 그들과 가깝다고 느끼지 못한다면 여전히 외로운 겁니다."

엔티스는 우리가 맺고 있는 관계의 본질부터 먼저 평가해 보면 도움이 된다고 설명했다. 만약 맺고 있는 관계의 수가 적다 하더라도 모든 관계가 만족스럽다고 느낀다면, 우리는 외롭다고 생각할 가능성이 적다.

"외로움은 우리가 원하는 관계의 이상향과 현재 관계로부터 느끼는 감정 사이에 차이가 있을 때에만 발생합니다. 어떤 사람들은 외로움을 느끼지 않으면서 진정으로 혼자서 잘 지내는 삶을 영위하기도 하는 이유죠"라고 그녀는 말한다.

또한, 이는 돈, 관계, 명성을 가진 사람들이 끝도 없는 외로움의 나락에 빠져 있다고 생각할 수 있는 이유다.

예를 들어, 미국 미식축구 프로리그인 NFL에 있을 당시 라이언 리프Ryan Leaf는 돈, 권력, 위신, 세 가지에만 가치를 두었다. 하지만 여러 팀에서 방출되고 난 뒤, 그는 진통제 중독과 자살 시도를 경험하고 절도를 저지르기까지 했다.

무엇이 그의 삶을 구제했을까? 바로 32개월의 징역형이었다. 교도소 도서관에서 수감자들에게 글 읽는 법을 가르치기 시작하고 나서야 그는 희뿌연 안개 같은 삶에서 벗어날 수 있었다.

"살면서 처음으로 남을 위해 뭔가를 했다는 기분이 들게 될 것입니다"라고 리프는 말한다. "인생이 자신만을 위한 게 아니란 사실을 깨닫는 겁니다. 그러면 나르시시즘이 서서히 사라지기 시작하죠."

여기서 생각할 부분이 있다. UCLA 대학교의 교수 스티브 콜 Steve Cole은 연구를 통해 만성적 외로움의 사이클을 끊어버리는 가장 효과적인 방법은 자신보다 더 큰 목표를 추구하는 거라는 결론을 도출했다. 그리고 그 목표가 타인과의 상호작용 및 협력을 요구하는 일이라면 가장 이상적이라고 말한다.

"자원봉사일 수도 있고, 영성을 위한 탐구일 수도 있습니다. 대단한 일이 아니라, 그저 직장에서 의미 있는 프로젝트를 완수하는 것일 수도 있고요"라고 엔티스는 말한다. "공유된 비전에 초점을 맞춘다면, 특히 그 비전이 당신이 아주 중요시하는 비전이라면 외로운 뇌 속에서 돌아가는 비난의 고리로부터 우리의 관심을 돌릴 수 있습니다. 이를 통해 우리는 경계를 낮추고 새로운 인간관계를 만들어갈 수 있습니다."

다시 말해, 우리는 단단한 사회적 유대를 지닌 공동체를 구축함으로써 외로움과 싸울 수 있다. 그런데 여기에 문제가 있다. 우리는 이미 무수히 많은 공동체가 있는 세상에 살고 있다는 사실

이다. 우리가 찾는 건 단순히 공동체만이 아니라, 공동체의 소속
감, 충성심, 의미다.

- **『아주 작은 습관의 힘』 저자 제임스 클리어**

  제임스 클리어는 수년간 습관에 관한 연구를 진행했으며, 그의
  가장 심오한 발견 중 하나는 진정한 행동의 변화는 정체성의
  변화에 내재되어 있다는 주장이다. 그리고 우리의 정체성은 여
  러 사회적 상황에 따라 변화할 수 있다. 이것이 바로 클리어가
  경쟁보다는 협업을 추구하는 사람들의 그룹에 합류할 필요가
  있음을 강조한 이유다.

  "남과 비교할 생각을 하는 대신, 관계를 맺고, 협업하고, 함께
  성장할 수 있는 동료를 구하는 데 노력을 기울이세요"라고 그
  는 말했다. "당신이 바라던 행동을 보편적 행동으로 인식하는
  그룹에 더 많이 참여할수록, 타인과 갈등 관계에 있지 않고 함
  께 성공할 수 있는 강력한 상승기류에 합류할 수 있을 겁니다."

- **평등한 정의 구현 운동의 공동설립자 브라이언 스티븐슨**

  브라이언 스티븐슨^{Bryan Stevenson}은 지난 30년간 억울하게 사형

을 선고받은 죄수 135명의 석방을 도와, '사형수 변호사'라고 불린다.

스티븐슨은 사회에서 가장 취약한 계층을 대변해 소송을 진행한다. 청소년 범죄자, 유죄판결을 잘못 받은 사람, 실질적 변호를 거부한 빈곤층이 여기 포함된다. 불의가 매일 자행되고 있지만, 우리는 하나의 보호된 공동체에 갇힌 상태이기 때문에 자행되는 불의를 제대로 보지 못하고 있다.

다른 관점들을 더 잘 이해하기 위해, 스티븐슨은 여러분이 기존에 속해 있는 공동체에서 한발 물러서서 임시 보호소를 방문하거나, 무료 급식소에서 자원봉사를 하거나 누군가 힘든 시기를 견뎌낼 수 있도록 도우라고 조언한다.

"우리는 반드시 고통과 가까이 있어야 하며, 불평등을 경험하고 그 때문에 고통받는 이들의 미묘한 경험을 이해해야 한다"라고 스티븐슨은 그의 저서, 『저스트 머시Just Mercy』에서 말한다. "고통을 겪고 있는 이들과 가까워지고자 한다면, 세상을 변화시킬 힘을 찾을 수 있을 것이다."

뜻밖의 경험은
결집력을 높인다

초연결hyper-connected 세상에 살면서 우리는 SNS 팔로잉 수를 들먹이고 '충성스러운 팔로워 공동체를 형성'하는 우리의 능력을 장점으로 내세운다.

하지만 이건 공동체라는 단어를 오용한 것이다. '관객audience'을 말하려고 하면서 '공동체community'라는 단어를 사용하기 때문이다. 둘의 차이는 어떻게 알 수 있을까? 작가 크리스 브로건Chris Brogan은 그 차이를 아주 완벽하게 설명했다. "관객과 공동체의 차이는 그들이 앉은 의자가 어디를 향하고 있느냐이다."

여러분이 형성한 그룹이 (얼마나 작든 관계없이) 관객인지 공동

관객과 공동체의 차이는
그들이 앉은 의자가
어디를 향하고 있느냐이다.

— 크리스 브로건

체인지 궁금하다면, 자신에게 이렇게 물어보라. 다른 사람들은 듣기만 하고 나 혼자 일방적으로 소통하고 있는 걸까 아니면 대화가 다이내믹하게 사람들 사이에서 오가고 있는 걸까?

관객은 여러분이 만드는 콘텐츠에 관심이 있을 수 있는 사람의 무리를 의미한다. 여러분의 팟캐스트 청취자, 뉴스레터 구독자, 혹은 트위터 팔로워가 관객이라는 그룹을 구성한다.

공동체는 마음이 비슷한 사람들로 구성되어 있으며, 공동의 목표나 이해관계에 따라 행동한다. 공동체 구성원들은 여러분이 만드는 콘텐츠에 열광하며 그와 동시에 여러분, 그리고 다른 공동체 구성원과도 주기적으로 소통한다.

가장 광적인 온라인 공동체라고 하면 무엇이 떠오르는가? 레이디 가가Lady GaGa의 '리틀 몬스터Little Monsters', 비욘세Beyonce의 '비하이브Beyhive', 테일러 스위프트Taylor Swift의 '스위프티즈Swifties'가 생각날지 모르겠다. 이들은 모두 컬트 집단에 가까울 정도로 헌신적인 팬들의 공동체로, 관객처럼 보일 수 있지만 실제로는 자립적으로 운영되는 작은 공동체들이다.

레이디 가가부터 시작하자. 가가가 아티스트로서 경력을 시작했을 때, 그녀는 트로이 카터Troy Carter라는 매니저와 함께였다. 그녀와 카터는 가장 충성스러운 초창기 팬 50명을 찾는 '퍼스트 50The First 50'이라는 철학을 세웠다.

레이디 가가는 먼저 뉴욕의 LGBTQ 공동체 사이에서 유명해졌다. 그녀는 하루에 너덧 군데의 클럽에서 공연해, 자신의 가장 충성스러운 팬들이 사적으로 그녀와 연결되었다고 느낄 수 있도록 했다.

SNS를 통해 팬들과 소통하고, 공연장에서 팬들을 만나고 그들의 피드백을 받았다. 많은 동료 가수처럼 관객에게 초점을 맞추는 대신, 가가는 먼저 그녀의 가치를 공유하는 공동체를 형성하는 데 초점을 두었다.

가가와 팬 사이의 유대 관계는 더 강해졌고, 그 결과 그녀의 '슈퍼팬'은 눈덩이처럼 불어나 전 세계 수억 명으로 늘어났다. 카터는 가가의 성장 전략에 대해 이렇게 설명했다. "느리게 굽기 대 전자레인지로 데우기의 차이죠."

테일러 스위프트 역시 전 세계 팬들의 충성심을 키우는 데 능숙하다. 스위프트는 가장 열정적이고 충성심 높은 팬들을 찾아 그들이 속한 공간에서 가장 중요한 사람이라는 느낌을 받도록 한다.

그녀는 앨범 〈1989〉와 〈레퓨테이션Reputation〉의 사전 준비 기간에, '비밀 세션'이라는 일련의 이벤트를 기획했다. 스위프트 자신이 직접 가장 충성도 높은 팬들을 인터넷에서 찾아서 그들을 자신의 집으로 초대해 음악 감상회를 하는 이벤트다.

스위프트는 그들을 위해 쿠키를 굽고, 발매 전인 최신곡을 연주하고, 참석한 팬들 한 명 한 명과 사진을 찍었다. 또 다른 예로는, 팬 다수를 선정해서 그들의 SNS 프로필을 보고 그들을 어느 정도 연구한 다음, 개개인에게 맞는 선물을 골라서 보내주기도 했다. 심지어 스위프트는 팬들의 결혼식에 참석해서 그들을 놀라게 하기도 했다.

이런 선의의 행동들이 더 큰 선의로 이어지진 않는다고 주장할 수도 있겠지만, 이런 행동이야말로 하나의 브랜드에 인간성을 부여하고 평생 이어지는 충성심을 키울 수 있는 핵심이다.

물론, 이들은 모두 자신의 브랜드에 인간성을 더하고 팬들의 충성심을 기르고자 하는 연예인들이다. 하지만 이들을 예로 제시한 이유는 한 아티스트의 관객이 실제로는 하나의 공동 이해관계(아티스트 음악에 관한 사랑)를 토대로 작은 공동체를 구성할 수 있다는 걸 보여주기 위해서다.

연예인과 대규모 팬이라는 범위를 보다 더 좁혔을 때, 이러한 예들이 의미하는 바는 무엇일까? 백지상태에서 신규 공동체를 형성할 때, 평생 이어질 충성심을 쌓기 위해서는 다음의 세 가지 핵심 요소가 필요하다.

1. 공동체 멤버를 아낌없이 대하라.

2. 호감도를 높여라.

3. 뜻밖의 기쁜 순간을 만들어라.

처음 뉴스레터 '더 프로필'을 시작했을 때, 내가 어떻게 했는지 여러분에게 소개하겠다. 당시 뉴스레터 사업의 규모는 상대적으로 작았고 간간이 응원의 트윗을 받긴 했지만, 실제로 형성된 공동체 같은 건 전혀 없었다. 구독자를 직접 만난 적도 없었다. 그러던 나는 2019년, 구독자들에게 이런 메일을 보냈다.

"저는 외로움의 해독제는 공동체라고 믿습니다. 이 뉴스레터가 그 살아 있는 증거입니다. 저는 매주 여러분들과 가장 즐겁고도 사려 깊은 대화를 하고 있습니다. 우리가 단 하루라도 같은 공간에 모여 서로 얼굴을 맞대고 생각을 나눌 수 없다는 건 진정 안타까운 일입니다. 그래서 저는 이를 변화시킬 수 있는 한 가지 실험을 진행하고자 합니다."

일주일간 나는 엑셀 스프레드시트에 거주 도시별로 독자들을 나눈 다음, 개개인에게 이메일을 발송하고 캘린더 초대 기능으로 초대장을 보냈다. 12월의 어느 주말, 드디어 전 세계 뉴스레터 독자들이 만남을 가졌다.

만남은 뉴욕, 샌디에이고, 런던, 싱가포르, 뭄바이, 나이로비에서 진행되었다. 독자들은 자체적으로 다양한 액티비티를 선택해서 만남을 이어갔다. 와인바에 간 이들도 있고, 미술관에 간 이들도 있으며, 함께 소풍을 나간 독자들도 있었다.

뉴스레터의 구독자들에게 왜 다른 구독자들을 실제로 만나는 데 흥미를 느꼈는지 물었더니, 많은 이들의 대답이 이렇게 시작했다. "외롭다는 느낌이 들어서……." 그들 중 다수는 자신과 관심사가 같거나 호기심 많은 누군가와 어울리길 희망하고 있었다. 구독자 만남이 대규모로 이루어진 건 아니었다. 어떤 곳에서는 두어 명 정도만 모이기도 했다.

하지만 우리가 성공적이었던 이유는 우리의 만남이 유의미해서였다. 주최자로서 나는 전 세계 독자들에게 개인적으로 이메일을 보내고 서로 매칭시켜 주는 방식으로 공동체를 아낌없이 대했다. 뉴욕시에서 이루어진 만남에 참석함으로써 호감도를 높였다. 그리고 이런 기회가 없이는 절대 만날 일이 없던 독자들을 위해 뜻밖의 기쁨의 순간을 선사했다.

케냐에서 이루어진 구독자 만남에 참석했던 구독자 한 명이 내게 이메일을 보내 이렇게 말했다. "뉴스레터 구독자로서 만났는데 끝날 때가 되니 친구가 되어 있었어요."

기억하라. 공동체는 팔로워 수 혹은 관객의 규모로 이루어지는 것이 아니다. 공동체의 핵심은 이 기회가 아니면 절대 만날 일이 없을 법한 사람들을 연결하고 충성심을 쌓는 일이다.

· 연쇄 창업가 마크 로어

마크 로어는 사업을 시작할 때 집착을 목표로 하라고 말한다. "고객들이 사랑하는 뭔가를 만드는 게 가장 어려운 부분입니다. 이윤은 나중에 다시 역순으로 일하더라도 얻을 수 있지만 고객의 사랑을 얻기란 쉽지 않습니다."

다이퍼스닷컴(Diapers.com)을 시작했을 때, 로어는 추가 비용 없이 기저귀를 빨리 배송받길 원하는 부모들의 요구 사항을 충족시키며 그들의 골칫거리를 대신 해결하고 있었다. 로어의 회사는 같은 비용에, 같은 기저귀를 하룻밤 만에 배송했으며, 배송 후 1년간 환불이 가능하다는 정책을 내세웠고 고객 문의에 즉시 응답했다. 여기에 어떠한 멤버십 비용도 전혀 요구하지 않았다.

"다이퍼스닷컴을 경험한 고객들은 우리 브랜드를 선호하게 되었을 뿐 아니라, 우리 브랜드와 정서적으로 연결되었습니다"라고 그는 말한다. 하지만 그런 경험을 창출하는 동안, 즉각적인 수익이 날 수는 없었다. "장기적으론 이익 회수가 이루어질 거라 믿으며 도박을 하는 건 위험 부담이 크고 겁이 날 수도 있습니다. 하지만 고객들이 그저 그렇다고 생각하는 것에 돈과 시간을 들이는 건 훨씬 더 위험한 일입니다"라고 로어는 말한다.

고객이 여러분의 제품과 사랑에 빠져 헤어 나오지 못하게 함으로써 그들과 애매한 '친구 관계'에서 벗어나라.

3

기분은
반드시 전염된다

포토 블로그 '휴먼스 오브 뉴욕'의 댓글창은 '인터넷에서 가장 따뜻한 곳'이라고 불린다. 사진작가 브랜던 스탠턴이 자신의 블로그 페이지에 감동적인 인물들의 사진을 올리면, 스탠턴의 커뮤니티에 속한 사람들이 그의 작품에 적극 참여해 친절하고 고무적인 댓글을 남긴다.

2012년, 스탠턴의 블로그를 좋아하는 팬은 6만 4000명이었다. 10년 뒤, SNS를 통해 커뮤니티의 크기가 2000만 명 이상으로 성장했다.

하지만 스탠턴은 그의 숨은 천재성을 이용해 인터넷에서뿐만 아니라 실제 세상에서도 성공적으로 공동체를 구축했다. 바로, 공감을 선(善)을 위한 도구로 활용하는 방법이다. 스탠턴은 공동체 구축의 가장 근간이 되는 건 공동체 멤버들과의 정서적 연결 형성이란 사실을 일찍이 알고 있었다.

'휴먼스 오브 뉴욕'의 성공이 페이스북 알고리즘의 덕을 일부 봤다는 건 누구나 아는 사실이다. "저는 몇 년 동안 하루도 빠짐없이 매일 네 장씩 사진을 포스팅했습니다"라고 스탠턴이 내게 말했다. "그러다가 페이스북의 성장에 딱 맞춰서 제 블로그, '휴먼스 오브 뉴욕'도 뜨게 된 거죠."

2012년, 페이스북은 사내 데이터 과학자들과 함께 68만 9003명의 사용자 뉴스 피드를 조작하는 연구를 진행했다. 한 그룹의 사용자들은 일주일 내내 부정적인 포스팅만 보도록 하고, 다른 그룹의 사용자들은 긍정적인 포스팅에만 노출되도록 했다. 연구의 목적은 뉴스 피드 노출이 사용자들의 기분에 어떤 영향을 미치는지 측정하는 것이었다.

이 연구를 통해 데이터 과학자들은 감정 전염emotional contagion의 증거를 발견했다. 지독한 감기에 걸릴 수 있는 것처럼, 나쁜 기분도 옮을 수 있다는 것이다.

《미국 국립 과학원 회보Proceedings of the National Academy of Sciences》에 실린 논문에 따르면 긍정적인 표현이 감소하자 사람들이 올리는 긍정적 포스팅 횟수가 줄었고 부정적 포스팅 횟수가 늘었다. 반대로, 부정적인 표현을 감소하자 그 반대의 패턴이 관찰되었다. 연구 결과는 페이스북에서 타인이 표현하는 감정이 우리 자신의 감정에 영향을 미친다는 사실을 암시한다. 소셜 네트워크를 통한 대규모 감정 전염이 가능하다는 실험적 증거다.

'휴먼스 오브 뉴욕'은 이런 감정 전염의 수혜를 입었고, 블로그에 실린 용기, 구원, 사랑의 이야기들은 팬들이 블로그에서 소개된 인물들뿐만 아니라 '휴먼스 오브 뉴욕' 자체에도 감정적 유대를 형성하기에 충분했다. "우리는 자신의 성공보다는 타인의 고통에 더 깊은 유대감을 느낍니다"라고 스탠턴은 말했다.

그러던 2020년의 어느 날, '탠커레이Tanqueray' 스토리가 '휴먼스 오브 뉴욕'에 소개되었다. 1970년대 탠커레이라는 이름으로 뉴욕에서 활동한 스트리퍼이자 풍자극 무용수인 스테파니 존슨Stephanie Johnson은 조직 폭력배, 절도 등에 얽힌 삶을 살았다. 스탠턴은 그녀의 이야기를 32회에 걸쳐 포스팅했고 많은 독자로부터 공감을 얻었다.

당시 탠커레이의 건강이 나빠지자, 스탠턴은 그녀의 치료비를 마련하기 위해 고펀드미 페이지를 개설했다. 탠커레이와 일면식도 없지만, 그녀의 이야기에 감명받은 휴먼스 오브 뉴욕 공동체의 멤버 10만 명 이상이 단 몇 주 만에 270만 달러라는 놀라운 액수의 기부금을 모았다.

이처럼 감정이 강력하기만 하다면 사람들을 행동하게 할 수 있다. UCLA 대학교의 교수, 스티브 콜의 연구에서도 제시하듯 외로움과의 싸움은 자기 자신보다 더 큰 목표를 추구하는 데 있다. 분열된 정치 분위기 속에서, 탠커레이 캠페인은 전 세계 각지의 완벽한 타인들이 한 명의 인간을 유의미한 방법으로 돕기 위해 모이도록 했다.

그렇다면 어떻게 여러분의 공동체 멤버들이 감정적으로 몰입하도록 할 수 있을까? 바로, 진정성이다.

스탠턴이 소개하는 인물들은 휴먼스 오브 뉴욕 공동체에 주기적으로 자신들의 영혼을 숨김없이 드러낸다. 하지만 그보다 더 나아가, 스탠턴 자신도 탠커레이와 친구가 된 특이한 사연을 가감 없이 공유하며, 그녀의 건강 상태가 얼마나 심각한지 설명하고, 기부금의 사용 계획을 이야기한다.

외로움은 우리 모두의 내면에 존재한다. 타인은 우리 자신의 불완전한 모습을 비춰주는 거울이다. 그런 타인들의 이야기에 감정적으로 빠지게 될수록, 우리는 더 큰 목적을 가지고 단단히 뭉친 공동체를 형성한다.

스탠턴은 말한다. "진정으로 누군가와 동질감을 느끼고 그들에게 연민 어린 감정을 가지려면 타인의 고통을 이해해야 합니다.

같은 이유 때문은 아니었을지라도 여러분도 이미 느껴본 적이 있는 고통이죠. 이것이 바로 타인의 겪은 어려움의 이야기, 특히 탠커레이의 사연이 그토록 우리의 마음을 자극한 이유라고 생각합니다. 진정으로 타인의 고통을 이해하려면 타인 속에서 내 모습을 발견해야 합니다."

• 밀크 바의 창립자 크리스티나 토시

크리스티나 토시는 쿠키 만드는 취미를 수십억 규모의 사업으로 키워낸 인물이다. 밀크 바는 무서운 속도로 성장한 디저트 업계의 거대 기업으로 전 세계 고객들을 매료시키고 있다.

그녀는 어느 레스토랑이건 베이커리이건 그 성공은 음식을 먹는 경험을 통해 고객과 정서적으로 연결되는 거라 믿는다. 밀크바는 음식의 풍미, 식감, 미적 요소를 통해 향수와 즐거움을 불러일으키는 것을 목표로 한다.

고객은 한 브랜드에 감정적으로 몰입하기 시작하면 단순히 고객이 아닌 공동체의 일원이 된다. 그렇기에 기업의 잘못된 행동이나 실수하는 것을 보면, 공동체 일원으로서 기업과 지도층에 책임을 지워야 할 의무를 느낀다.

크랙파이라는 디저트는 밀크 바가 엄청난 인기를 얻을 수 있

진정으로 타인의 고통을
이해하려면
타인 속에서 내 모습을
발견해야 합니다.

— 브랜던 스탠턴

도록 한, 주요 메뉴 중 하나다. 2019년, 토시의 베이커리는 크랙파이라는 이름을 사용하는 데 반발에 부딪혔다. 크랙 파이는 해당 파이 메뉴의 중독적 특성을 해학적으로 표현하기 위해 1980년대와 1990년대 유행했던 크랙 코카인에서 따온 이름이었다. 유행 당시 크랙 코카인은 흑인 사회에만 심각한 영향을 입힌 것으로 알려졌었다.

토시는 보도 자료를 내지 않는 대신, 밀크 바를 사랑하는 팬들의 공동체에 직접 편지를 써서 크랙파이는 밀크 바 파이라는 이름으로 바뀔 것이라고 설명했다. 팬들의 공동체에 귀 기울이는 것, 그들의 비판을 수용하는 것, 회사의 행동을 바꾸는 것, 개인적 책임을 지는 것이 얼마나 중요한지 알고 있었던 것이다.

• '갱스터 정원사' 론 핀리

자신이 사는 지역 공동체를 개선하는 론 핀리Ron Finley의 여정은 단 하나의 감정에서부터 시작했다. 바로 분노다.

2010년, 그는 자신이 사는 동네를 둘러보다가 술집, 패스트푸드점, 공터가 무질서하게 들어선 모습을 보았다. 그 모습이 싫었던 핀리는 자기 손으로 문제를 해결하기로 했다.

아쉽게도 그의 결심은 오래가지 못했다. 정원 가꾸기에 관한 법과 마찰을 일으켰기 때문이다. 핀리는 대신 로스앤젤레스 사우스 센트럴 지역에 있는 그의 집과 도로 사이의 좁은 땅에 과일과 채소를 심었다.

하지만 그가 LA 법규를 위반하고 있다고 누군가 불만을 접수했고, 시 당국은 그에게 최후 통첩장을 보냈다. 정원을 없애지 않으면 경고가 구속 영장으로 바뀌게 될 거라는 내용이었다.

핀리는 맞서 싸우기로 했다. 결국 그는 정원 가꾸기를 계속할 수 있는 허가를 받았을 뿐 아니라, 시(市)에서도 법을 수정해 핀리가 인근 지역 공동체의 '먹거리 사막'이라 불리는 저소득층 거주 지역에 더 많은 정원을 만들도록 장려했다.

핀리는 자신의 분노를 더 큰 목적을 위해 잘 활용했다. 핀리의 말을 빌리자면, "자기 먹거리를 기르는 건 스스로 힘을 기르는 겁니다. 그 힘을 얻고 나면 누구도 그것을 당신으로부터 뺏어갈 수 없습니다."

숨은 재능을 발굴하는 일상의 실천

- 우리가 맺는 인간관계의 질은 중요하다. 하지만 그 관계에 대해 우리가 자신에게 하는 이야기 역시 엄청난 영향력이 있다.

- 고독과 외로움의 차이는 실제적 고립과 인지적 고립의 차이다.

- 타인을 위한 행동은 외로움의 훌륭한 치료제다. 자기 자신보다 더 큰 목적을 추구하라.

- 공유된 비전을 찾아 나서라. 뇌 속에서 돌아가는 혹평의 고리로부터 우리의 관심을 돌릴 수 있을 것이다.

- 경쟁보다는 협동에 초점을 맞춘 사람들과 함께하라.

- 관객과 공동체는 서로 다른 개념이다. 후자가 훨씬 더 강력하다. 세계적으로 유명한 예술가 중에는 관객보다는 공동체를 형성함으로써 시작한 이들이 있다.

- 공동체 멤버들을 아낌없이 대하고, 호감도를 높이며, 뜻밖의 기쁨의 순간을 만듦으로써 공동체를 구축하라.

- 공감은 선(善)을 위한 도구다.

- 정서적 연결 형성은 공동체의 핵심이다. 그리고 진정성은 정서적 연결의 핵심이다.

내가 생각하는
성공의 정의는 무엇인가?

2020년 1월,《포춘》에서 일하던 시절 나는 지하철을 타고 퇴근하던 길에 앞서 언급했던 애너 퀸들런의 졸업식 연설문을 읽었다. "세상에 보여주기엔 그럴듯하지만, 당신의 기준에선 성공하지 않았고 마음속으론 행복하지 않다면 그건 결코 성공한 게 아닙니다."

당시의 나는 내 기준으로 봤을 때 성공했다고 느끼지 않았다. 여전히 성공은 지위, 재산, 업적이 기준이라고 여겼다. 그때까지 내가 연구했던 비범한 인물들이 지니고 있던 숨은 천재성은 미처 알아차리지 못했다. 바로, 성공은 개인적이라는 깨달음이었다.

코미디언 제리 사인펠드Jerry Seinfeld는 성공이란 완벽함에 최대한 가까이 다가갈 때까지 끊임없이 고쳐나가는 과정이라고 말한다. 그가 말하는 성공의 정의는 '고독과 정밀함, 이를 이루기 위해 아주 작은 것도 개선하는 일'이다.

자선사업가 멀린다 게이츠Melinda Gates는 자신이 생각하는 성공의 정의는 랠프 왈도 에머슨Ralph Waldo Emerson으로부터 영향을 받았다고 말한다. "내가 한때 이 땅에 존재했으므로 단 한 사람이라도 수월하게 살았다는 걸 깨닫는 것. 이것이 진정한 성공이다." 지구에서 가장 부유한 여성 중 한 명인 멀린다는 자기 재산을 글로벌 보건 프로젝트를 지원하고 여성 기업을 후원하는 데 사용하고 있다.

배우 매튜 매커너헤이에게 성공은 전혀 다른 의미를 지닌다. 그에게 성공이란 다음의 다섯 가지로 측정된다. 부성, 우정, 경력, 좋은 남편이 되는 것, 그리고 몸과 마음, 정신의 상태다.

그는 매일 이 다섯 가지를 확인한다. "저는 매일 각각의 요소들이 회계 장부의 차변에 속하는지, 대변에 속하는지 확인합니다"라고 그는 2016년 휴스턴 대학교 졸업 연설에서 말했다. "지금 적자 상태인지 흑자 상태인지 확인하는 거죠."

일은 잘되고 있지만 아내와의 관계가 삐걱댄다고 가정해 보자. 그는 더 나은 남편이 되기 위해 더 많이 노력함으로써 건강한 균형을 유지한다. "먼저, 우리는 자신이 생각하는 성공에 대해 정의해야 합니다. 그리고 성공을 지키기 위해 실천에 옮겨야 합니다"라고 그는 덧붙인다.

대부분 경우, 이런 과정은 마치 업무를 하는 것처럼 느껴지는 게 사실이다. 하지만 나는 진정한 성공이란 힘들지만, 의미 있는 업무의 결과라 생각한다.

축구계에 돌풍을 일으킨 리오넬 메시^{Lionel Messi}는 다섯 살 때부터 매일 축구를 해왔다. 많은 사람이 그가 겪었던 실패, 끈질긴 집요함, 뼈를 깎는 고통으로 점철된 오랜 훈련 기간은 외면한 채 "메시가 자고 일어나니 성공해 있었다"라고 말한다. 프로 축구 선수가 되었을 때 메시는 겨우 열일곱 살에 불과했지만, 그의 성장을 방해하는 여러 건강 문제 때문에 성공으로 가는 여정은 절대 쉽지 않았다.

이와 비슷한 사례로, 패션계의 거물 토리 버치^{Tory Burch}는 2005년 〈오프라 윈프리 쇼〉에 출연해 달라는 전화를 받는다. 오프라가 그녀의 회사를 '패션계의 차세대 대박 기업'이라고 공개적으로 이야기하자, 이튿날 버치의 웹사이트는 조회 수가 800만에 달했다.

버치는 그 기회를 활용해 그녀의 이야기를 알리고 사업이 더 많은 미디어의 주목을 받을 수 있도록 했다. 그녀가 운이 좋았다거나 기회주의자라고 말하는 이도 있을지 모르겠다. "미디어에서는 우리를 하룻밤 만에 성공한 회사라고 불렀습니다"라고 그녀는 밥슨 컬리지Bobson College(학부와 대학원 MBA 프로그램을 제공하는 사립 비즈니스 스쿨 – 옮긴이) 강연에서 말했다.

"우리가 사업을 키우기 위해 그때까지 쏟아부었던 2만 시간을 고려하지 않거나 그 전에 패션계를 이해하기 위해 노력했던 50만 시간을 생각하지 않는다면, 그렇게 부를 수도 있겠죠."

'하룻밤만의 성공'이라는 말은 정말 미신일 뿐이다. 성공을 정의하는 방법에는 여러 가지가 있고 성공을 이루는 방법은 더 많지만, 성공을 실현하는 데 핵심 요소는 행동이다.

NASA 과학 임무국의 수장인 토마스 추르부헨Thomas Zurbuchen은 "성공과 실패 사이는 아주 멀리 떨어져 있고, 한쪽 끝에서 다른 쪽 끝까지 이동할 수 있는 행동은 몇 가지 되지 않는다"라고 말했다.

그것이 내가 여러분에게 바라는 바다. 나는 이 책을 통해 여러분이 목적을 가지고 행동해 목표하는 방향으로 나아갈 동기를 부여받길 바란다. 무엇보다도 내가 여러분 자신의 관심사에 대한 호기심을 자극하고 성공의 정의에 대해 다시 생각하는 데 도움이 되기를 바란다.

계획을 현실로 바꾸는 날카로운 질문

1장부터 10장까지의 내용을 아래와 같이 열 가지 핵심 질문으로
바꿔 보았다. 이 질문이 여러분 자신의 숨은 천재성을 찾는 데 도
움이 되길 바란다.

1장
100킬로그램이 넘는 남자가 턱걸이 4000개를 성공하기까지

정신적 회복력이 뛰어난 사람들은 오랜 시간 동안 고통, 불편
함, 불확실함을 이겨낼 수 있다. 이것이 어떻게 가능할까? 그들은
살면서 의도적으로 마찰을 형성해, 미래에 언젠가는 견뎌야 할
고통스러운 경험에 더 잘 대비할 수 있도록 한다. 당신의 일주일
에 '선택적 역경'의 순간을 어떻게 도입할 수 있을까?

2장
아프리카 난민에서 UFC 챔피언이 되기까지

모든 성공한 사람은 자신에게 베팅한다. 그리고 자신에게 베팅
하기에 좋지 않은 시기란 없다. 뉴스레터, 열정적인 프로젝트, 새
로운 모험 등 당신의 정체성을 당신에게 진정으로 중요한 것, 당
신 자신의 이름과 연결할 수 있도록 하라. 당신의 정체성과 당신

의 이름을 연결할 수 있도록 당신이 할 수 있는 일은 무엇인가?

3장

두근거리며 빅웨이브에 올라타면 그제야 보이는 것

불확실한 시기에 좋은 의사 결정을 하려면, 우리는 먼저 돌이킬 수 있는 결정과 돌이킬 수 없는 결정의 차이를 이해해야 한다. 만약 돌이킬 수 있는 결정이라면, 많은 양의 사전 정보가 없더라도 빠른 결정을 내릴 수 있다. 그리고 그 과정에서 더 많은 걸 배울지 모른다. 하지만 돌이킬 수 없는 결정이라면, 천천히 신중하게 분석적인 태도로 임해야 한다. 중요한 결정을 내리기에 앞서, 스스로 이런 질문을 해보라. 내가 하려는 이 결정이 돌이킬 수 있는 것인가, 돌이킬 수 없는 것인가?

4장

감기에 걸린 프랭크 시나트라

우리는 모두 자신의 인생 이야기를 전달하지만, 신뢰할 수 없는 화자다. 우리의 하루하루를 살펴보면, 종종 자신은 주연이지만 나머지 다른 사람들은 조연을 맡고 있다. 만약 당신 인생에서 다른 인물의 관점으로 당신의 개인적 이야기를 들려준다면 그로부터 무엇을 배울 수 있을까?

미각을 잃은 셰프는 어떻게 미슐랭 3스타를 받았을까

셰프 그랜트 애커츠는 창의성을 발휘해 위험을 감수하고 요리 업계에서 한계를 넘는 도전을 해 알리니아를 세계 최고의 레스토랑으로 만들었다. 당신이 상상할 수 있는 가장 크고 대담하며 창의적인 시도는 무엇인가?

워런 버핏의 오른팔, 찰리 멍거의 독특한 사고법

명확한 사고는 잘못된 내러티브에 빠지지 않고, 자신의 정체성을 확인하며, 가장 중요한 독립적 사고를 할 수 있도록 한다. 당신의 신념은 회색 톤으로만 구성되어 있음을 이해하라. 새로운 것을 배워가면서 신념에 대한 자신감이 상승하거나 하락할 수 있다. 당신의 인생에서 기존의 신념을 자세히 살펴보고 업데이트할 수 있는 부분은 무엇인가?

7장

일론 머스크가 자신의 뇌를 훈련하는 방법

칼럼니스트 데이비드 브룩스는 '최대 취향의 이론'이라 부르는 개념을 통해 개개인의 마음은 그 상한치에 의해 정의된다고 말한다. 누군가 습관적으로 소비하는 그리고 소비하는 것이 가능한 콘텐츠 중 최고의 콘텐츠가 바로 상한치다. 올해 당신의 콘텐츠 소비 습관을 어떻게 개선할 수 있을까?

8장

이혼 예상 적중률 95퍼센트, 심리학자 존 가트맨이 말하는 관계의 비밀

행복한 커플의 경우, 부정적 상호작용이 한 번 있을 때 긍정적 상호작용이 다섯 번의 비율로 이루어진다. "미소, 끄덕거림, 심지어는 파트너의 이야기를 듣고 있다고 알리기 위한 작은 소리조차도, 모두가 긍정적 상호작용입니다"라고 존 가트맨은 말한다. 오늘 당신과 당신의 파트너 사이에 몇 번의 긍정적 상호작용이 있었는가?

9장

누구나 어쩌다 한 번은 리더가 된다

가장 효율적인 리더는 시스템 기반 접근 방식을 사용해 결과보다는 과정에 초점을 둔다. 만약 결과가 사업의 시작이라면, 시스템은 당신이 해결할 수 있는 문제를 파악하고, 팀을 꾸리며, 운영 계획을 세우고, 시장에 당신의 제품을 테스트하는 일이다. 당신은 어떤 상황에서 시스템 기반의 마음가짐으로 임할 수 있을까?

10장
여러 명으로 똘똘 뭉친 팀은 한 명의 천재를 이긴다

공동체는 외로움의 해독제다. 만성적 외로움의 악순환을 끊을 수 있는 가장 효과적인 방법은 자기 자신보다 더 큰 목표나 대의를 좇는 일이란 연구 결과가 있다. 타인과의 상호작용과 협업이 요구되는 일이라면 더욱 좋다. 당신 자신의 공동체 개선을 위해 당신이 추구할 수 있는 유의미한 행동이나 프로젝트는 무엇이 있을까?

이 책의 여정을 함께 해준 여러분에게 진심으로 감사의 마음을 전한다. 인물 중심의 학습을 열렬히 믿고 있는 한 사람으로서 나 역시 여러분으로부터 배울 수 있기를 바란다. 이 책에 소개된 기술들을 어떻게 적용해 당신의 숨은 천재성을 발견했는지 알려주길 바란다. 필자의 웹사이트 www.readtheprofile.com을 방문하면 필자와 소통할 수 있다.

감사의 말

글쓰기는 홀로 감내해야 하는 고독한 작업이지만, 나는 그 어떤 가치도 단독으로 창출한 적이 없다고 믿고 있다. 이 책이 실제로 출판될 수 있도록 도움을 준 사람들에게 감사의 말을 전하는 시간을 갖고자 한다.

내가 글쓰기를 시작했을 때 태어난 지 겨우 3개월이던 내 딸에게. 몇 년간 엄마는 책을 쓰는 일에 대해 생각했지만, 실천에 옮기지 못하고 있었어. 네가 태어나자 모든 것이 바뀌었지. 엄마에게는 전혀 남는 시간이 없었지만, 그런데도 뭔가를 하고 싶었어.

이 책은 없는 시간을 만들어서 쓴 책이란다. 다음 기저귀를 갈아야 할 시간이 되기 전에, 20분 낮잠을 자는 동안, 까꿍 놀이하는 사이에 짬을 내 이 책을 썼어. 엄마는 한순간도 너와 바꾸지 않을 거고, 이 책을 쓰는 데 영감이 되어준 네게 고마워. 바람이 있다면 네가 엄마보다 더 일찍 너의 숨은 천재성을 찾을 수 있으면 좋겠다는 거란다.

당신이 없었다면 이 책이 존재할 수 없었을 나의 남편이자 인생의 동반자에게. 내가 정신없이 글을 쓸 때 당신은 우리 딸을 돌봐주었고, 원고를 완성해서 크게 읽어주면 참을성 있게 듣고, 가장 필요할 때 응원을 해주었지.

하지만 무엇보다도 나 자신에게 베팅하라고 당신이 가르쳐주었어. 난 당신이 내게 해준 말을 절대 잊지 않을 거야. "당신 자신이 스스로 갖는 믿음이 다른 사람이 당신에 대해 갖는 믿음보다 작아져선 안 돼." 우리가 이룬 모든 것, 우리가 함께한 모든 것에 감사해.

더 나은 삶을 찾기 위해 외국으로 나와 모든 걸 희생하신 나의 부모님에게. 미국 이민 생활의 초기는 말할 수 없을 정도로 힘들었지만, 그러는 동안에도 종종 있었던 기쁨과 웃음의 순간들을 저는 결코 잊지 못할 거예요.

무엇보다도 제가 원하는 관심사를 좇을 수 있도록 용기를 주셔서 감사합니다. 두 분은 관심 있던 일들이 결국 잘되지 않았을 때도 저를 응원해 주셨어요(제가 '연기'에 도전하려고 했던 일은 우리 모두 잊도록 해요).

제가 어릴 때 글쓰기에 관심을 보였을 때, 저널리즘을 전공했을 때, 꿈의 직장인《포춘》에 취직했을 때, 전업으로 뉴스레터를 쓰기 위해 꿈꾸던 직장을 그만두었을 때, 그리고 이 책을 쓸 때 부모님께서는 늘 저를 응원해 주셨습니다. 지금까지 제가 이룬 모든 성공은 부모님 덕분입니다.

내 가족 그리고 가족 같은 친구들에게. 지난 몇 년 동안 제가 했던 모든 노력을 지지해 줘서 고맙습니다. 책 집필 과정에서 안부를 물어봐 주고, 응원의 말을 전하고, 정말 필요했던 조언을 해 줘서 감사합니다. 여러분 모두, 제게 정말 소중한 사람입니다.

"책 쓸 생각이 있을 때, 한번 이야기 나누고 싶습니다"라고 가볍게 다가와 준 편집자 크리스토퍼 파커에게. 그때 당신이 건넸던 말은 내가 퍼즐 조각을 맞춰 이 책을 탄생시키는 데 필요했던 작은 넛지^{nudge}였습니다. 내가 배운 지식을 현실적인 인사이트로 녹여낼 수 있도록 도와준 해리만 출판사 관계자 여러분, 감사합니다.

글쓰기에 대해 내가 아는 모든 것을 가르쳐준《포춘》의 동료와 에디터들에게. 그곳은 5년간 나의 고향이었습니다. 개인적으로 그리고 직업적으로 성장한 곳이죠. 난 여전히 매일 그들이 쓴 기사를 읽습니다. 내 동료들에게 진심으로 존경을 표합니다.

이 책에 인용된 장문 형태의 프로필 중 여러 프로필을 작성한 기자들에게. 한 사람의 본질을 담아내는 건 결코 쉬운 일이 아니란 걸 잘 압니다.

애초에 내가 뉴스레터 '더 프로필'을 시작하도록 영감을 준 것은 바로 여러분입니다. 《뉴요커The New Yorker》에 실렸던 최고의 프로필들을 모아 만든 『라이프 스토리Life Stories』에는 잊을 수 없는 문장이 있습니다. "예술의 순수한 도전 과제 중 하나는 한 사람의 인간을 글로 옮기는 일이다." 이것이 바로 기자 여러분이 매일 하는 일이며, 그에 대해 나는 늘 감사하는 마음입니다.

나의 광범위한 인터뷰에 시간을 할애하고 내 질문에 참을성 있게 대답해 준 이 책에 등장하는 이들에게. 여러분은 내 일의 생명선과도 같은 존재입니다. 나는 매일 끊임없이 여러분으로부터 배웁니다.

수년간 나를 응원해 준 '더 프로필'의 독자들에게. 나는 종종 지구에서 최고의 공동체는 '더 프로필'이라고 말하곤 합니다. 여기에는 호기심 많고, 지적이며, 전반적으로 놀라운 사람들로 가득하기 때문입니다. 여러분 중 누구도 매주 나에게 자신의 견해, 비평, 피드백을 주는 데 주저하지 않았습니다. 그리고 제 작업의 질을 높이는 데 도움을 주는 것도 여러분입니다.

이 책의 독자인 당신에게. 이 책을 선택하고 당신의 시간 중 일부를 할애해 주어 감사합니다. 홀로 글을 쓸 때, 누군가 실제로 읽을 거란 생각은 전혀 하지 못했습니다. 지금 당신의 손에 이 책이 쥐여 있다고 생각하니 말로 설명할 수 없는 기분입니다. 진심으로 감사합니다.

폴리나 마리노바 폼플리아노

재능의 법칙

초판 1쇄 인쇄 2024년 10월 11일
초판 1쇄 발행 2024년 10월 18일

지은이 폴리나 마리노바 폼플리아노
옮긴이 박지혜
펴낸이 김선식

부사장 김은영
콘텐츠사업본부장 임보윤
책임편집 정서린 **디자인** 윤유정 **책임마케터** 이고은
콘텐츠사업1팀장 성기병 **콘텐츠사업1팀** 윤유정, 정서린, 문주연, 조은서
마케팅본부장 권장규 **마케팅2팀** 이고은, 배한진, 양지환 **채널2팀** 권오권, 지석배
미디어홍보본부장 정명찬 **브랜드관리팀** 오수미, 김은지, 이소영, 박장미, 박주현, 서가을
뉴미디어팀 김민정, 이지은, 홍수경, 변승주
지식교양팀 이수인, 염아라, 석찬미, 김혜원
편집관리팀 조세현, 김호주, 백설희 **저작권팀** 이슬, 윤제희
재무관리팀 하미선, 임혜정, 이슬기, 김주영, 오지수
인사총무팀 강미숙, 김혜진, 황종원
제작관리팀 이소현, 김소영, 김진경, 최완규, 이지우, 박예찬
물류관리팀 김형기, 김선민, 주정훈, 김선진, 한유현, 전태연, 양문현, 이민운
외부스태프 교정 김정현

펴낸곳 다산북스 **출판등록** 2005년 12월 23일 제313-2005-00277호
주소 경기도 파주시 회동길 490
전화 02-702-1724 **팩스** 02-703-2219 **이메일** dasanbooks@dasanbooks.com
홈페이지 www.dasan.group **블로그** blog.naver.com/dasan.books
종이 (주)상지사피앤비 **인쇄** (주)상지사피앤비 **제본** (주)상지사피앤비 **후가공** 평창피엔지

ISBN 979-11-306-5785-1 (03190)